BUZZ

© 2023, Buzz Editora

Publisher ANDERSON CAVALCANTE
Editora TAMIRES VON ATZINGEN
Assistente editorial LETÍCIA SARACINI
Consultora textual DALILA MAGARIAN
Preparação LIGIA ALVES
Revisão MARIA PAULA MYOBUN, CRISTIANE MARUYAMA
Projeto gráfico ESTÚDIO GRIFO
Assistentes de design LETÍCIA ZANFOLIM, NATHALIA NAVARRO

Nesta edição, respeitou-se o novo Acordo Ortográfico da Língua Portuguesa.

Dados Internacionais de Catalogação na Publicação (CIP)
Câmara Brasileira do Livro, SP, Brasil

Employer Branding: Crie uma marca empregadora forte e com propósito para atrair e engajar as pessoas de que seu negócio precisa / Ligia Oliveira, Sofia Esteves
São Paulo: Buzz Editora, 2023
176 pp.

ISBN 978-65-5393-194-7

1. Administração de empresa 2. Cultura organizacional 3. Desenvolvimento organizacional 4. Gerenciamento de pessoas I. Esteves, Sofia II. Título.

CDD-658.406   23-159233

Elaborado por Graziele Benitez, CRB 1/3129

Índice para catálogo sistemático:
1. Desenvolvimento organizacional: Administração 658.827

Todos os direitos reservados à:
Buzz Editora Ltda.
Av. Paulista, 726, Mezanino
CEP 01310-100, São Paulo, SP
[55 11] 4171 2317
www.buzzeditora.com.br

Sofia Esteves
e Ligia Oliveira

Employer Branding

Crie uma marca empregadora forte
e com propósito para atrair e engajar
as pessoas de que seu negócio precisa

Dedico este livro a todas as pessoas que desejam contribuir para que mais marcas empregadoras reflitam sua essência, promovendo assim encontros significativos de profissionais e empresas no mundo do trabalho.
SOFIA ESTEVES

Este livro é dedicado aos meus pais, que sempre incentivaram o meu processo de utilizar a escrita para registrar aprendizados e reflexões. E às pessoas especiais de minha vida pessoal e profissional, que, de alguma forma, me apoiaram nessa construção.
LIGIA OLIVEIRA

	Prefácio	9
	Introdução	15

1	Employer Branding: um bom negócio para a empresa	21
2	Um pouco sobre o panorama atual do mercado de trabalho	27
3	O valioso papel da pessoa colaboradora	35
4	Como elaborar uma EVP eficiente	41
5	Dois exemplos de sucesso em EB no Brasil	49
6	Passo a passo para o desenvolvimento de uma estratégia de EB eficiente	59
7	Níveis de proficiência organizacional em EB	87

8	Hora do teste: como medir o nível de proficiência da empresa em EB	93
9	*Employee Experience*: um resgate da experiência da pessoa colaboradora	101
10	Estudos de experiência da pessoa colaboradora	107
11	Carreira dos sonhos: informações úteis para a EB	125
12	Gestão em EB: uma conversa com quem faz	159

Mensagem final das autoras — 167
Agradecimentos — 173

Prefácio

Pode ser que o conceito de gestão de marca empregadora ou Employer Branding, no termo em inglês, não seja algo novo para você. Mesmo assim, afirmo que é um universo a desbravar. Registro aqui o quanto essa temática é importante, especialmente nos dias de hoje. Vivemos um cenário incerto, em que as pessoas buscam sentido naquilo que fazem, seja na escolha de um cosmético ou em suas decisões de carreira. E isso muda tudo.

Se antes pensávamos em estratégias para obter os melhores resultados produtivos e financeiros, o fato é que, de alguns bons anos para cá, entendemos que a estratégia só produz bons resultados quando cuidamos de quem vai garantir sua entrega lá na ponta: as pessoas colaboradoras.

Quando recebi o convite das autoras e conheci o conteúdo deste livro, refleti muito sobre o fato de que nunca fez tanto sentido que as empresas realmente vivam genuinamente seus valores. A expressão em inglês *walk the talk*, que no jargão empresarial é usada para ilustrar que a empresa "faz o que fala", vai garantir consistência no trabalho de gestão de marca empregadora.

Digo isso não apenas como CEO de uma marca empregadora tão reconhecida, mas também como embaixador da marca da Natura e entusiasta do tema. Ao longo da minha carreira executiva, a gestão de pessoas me fascinou muito. Sempre acreditei que equipes com propósito fazem a diferença na sociedade e nas empresas, inclusive trazendo melhores resultados. Afinal, as empresas são feitas de pessoas que devem ser consideradas a cada decisão.

Há alguns anos, li um artigo chamado "Meaning is the new money",[1] em português algo como "Significado é a nova moeda", da americana Tamara J. Erickson. Um trecho me marcou muito: "Para muitos, hoje, o significado é a nova moeda. Clareza de valores por parte das empresas, traduzidos para a experiência diária do trabalho, é um dos principais impulsionadores de uma força de trabalho engajada".

Acredito ser crucial que as marcas façam uma reflexão honesta, traduzam sua realidade e não espelhem uma realidade idealizada de outras empresas. Especialmente no Brasil, em que ainda temos tanto a aprender e a pôr em prática sobre Employer Branding, investigar a singularidade da organização é a chave para criar conexão com o tipo de pessoa que vai fazer o seu negócio prosperar, e automaticamente gerar uma proposta de trabalho capaz de criar conexão com cada membro do time. Não precisamos atrair todas as pessoas, até porque, por óbvio, não teremos vagas de trabalho para todas elas.

Nosso desafio é pensar no tipo de trabalho que devemos fazer para atrair aquelas que queiram vir: que tenham aderência à realidade e à cultura da empresa e escolham continuar e trilhar suas carreiras dentro da companhia. Isso só vai acontecer se houver conexão. A empresa deve expor sem modéstia o que tem de melhor, tanto quanto expor as suas dificuldades. Afinal, compra essa briga quem realmente se sente disposto a encarar esse processo.

Aqui na Natura&Co, a partir da nossa essência que é o "Bem estar bem", assumimos o "Compromisso com a Vida"; essas são

---

1 ERICKSON, Tamara. Meaning Is the New Money. *Harvard Business Review*, Cambridge, março, 2011. Disponível em: https://hbr.org/2011/03/challenging-our-deeply-held-as. [N. E.]

as nossas metas para promover impactos econômicos, sociais e ambientais positivos, o que nos faz a melhor empresa de beleza para o mundo. Acreditamos que, com isso, vamos nos conectar cada vez mais com as novas gerações detentoras de consciência ambiental, social, ética e cidadã, valores que a minha geração não teve. Jovens esses que levam cada vez mais em consideração os chamados critérios ESG[2] nas decisões que tomam, em seus variados papéis e escolhas profissionais.

Este trabalho tem o objetivo de trazer pessoas engajadas com a causa real, sem filtros, cheia de significados e repleta de desafios também. Afinal, desafios são sempre saudáveis, pois, além do aprimoramento pessoal, nos levam a atingir e a superar resultados.

É por abordar essa pauta tão importante, de uma forma tão transparente e igualmente didática, que esta obra se tornará uma espécie de "guia de trabalho para sua marca empregadora", independentemente de sua função ou tempo de casa, porque marca empregadora é assunto de todos nós, que transformamos o país por meio do trabalho.

Aproveite a leitura e mãos à obra!

Fábio Colletti Barbosa
CEO Natura&Co

---

2 Governança ambiental, social e corporativa; do inglês, *Environmental, Social, and Corporate Governance*.

Introdução

Se escolher as pessoas certas, motivá-las e der a elas a oportunidade de abrir as suas asas, você praticamente não precisará gastar energia para gerenciá-las.
Jack Welch, General Electric

O que faz uma pessoa colaboradora exibir orgulhosamente no peito o crachá da empresa para a qual trabalha? Qual é o segredo para atrair os melhores times do mercado e mantê-los engajados por muito tempo? Por que tantas companhias conquistam uma multidão de gente qualificada durante suas seleções, enquanto outras dificilmente conseguem fechar os seus quadros de vagas, mesmo com a oferta de bons salários?

Em muitos casos, a resposta para essas três perguntas pode ser resumida a duas palavras: Employer Branding – ou marca empregadora, em bom português. Essa marca é o modo como uma empresa é vista e avaliada no mercado de trabalho. Ela vive e respira nas mentes e nos corações de antigos, atuais e futuros membros do time, não importa qual seja o seu tamanho ou o seu ramo de atuação. A Employer Branding (EB) comunica ao mercado o motivo pelo qual uma organização pode ser considerada uma boa empregadora, um ótimo lugar para trabalhar, o que melhora os resultados dos processos de recrutamento e a retenção de seus talentos.

Toda organização possui sua marca empregadora, mesmo que não tenha ciência disso. Tanto faz se estamos falando de um restaurante, de uma lanchonete de bairro ou de uma multinacional com centenas de filiais instaladas ao redor do mundo. Se existe uma empresa, há também uma cultura e, consequentemente, uma marca empregadora. Independentemente de seu porte ou segmento de atuação, ela entrega uma experiência às suas pessoas colaboradoras, e é disso que se trata este livro. Trocando em miúdos, construir uma boa estratégia de Employer Branding é tão importante que pode transformar uma pequena empresa no local onde muita gente deseja trabalhar, colaborar e contribuir – ou justamente o contrário.

Para conquistar aquisições valiosas para suas equipes, organizações de qualquer porte precisam apresentar uma marca empregadora consistente e capaz de identificá-las como um lugar onde vale a pena dedicar esforço e energia. Essa imagem precisa atrair e engajar profissionais talentosos, tornando a empresa competitiva e confiável do ponto de vista da área de gestão de pessoas e, por consequência, também mais produtiva e financeiramente viável, uma vez que poderá contar com o melhor elenco em sua área de atuação.

Uma estratégia de EB eficiente costuma ser construída a partir da imagem que funcionários e funcionárias já integrados atribuem à empresa, assim como pela observação de reforços externos com potencial para contratação. Nos dias atuais, essas duas visões podem ser facilmente aferidas, muitas vezes até por meio de comentários em redes sociais. Afinal, toda empresa tem uma reputação, e ela raramente fica restrita às suas quatro paredes e aos seus níveis gerenciais.

Para futuros times, no entanto, não basta levar em conta somente pensamentos e opiniões sobre os produtos e/ou serviços oferecidos: é preciso analisar modelos de liderança, o histórico de demissões, a política de salários, oportunidades de crescimento. Ainda, importa saber se o ambiente é colaborativo e inclusivo ou se falta à liderança espírito de parceria. Em síntese, a cultura da organização como um todo conta pontos contra ou a favor de quem contrata, assim como o currículo de quem tem interesse pelo emprego. Tudo isso torna a prática de Employer Branding ainda mais fundamental e necessária no dia a dia das empresas.

Por cultura organizacional entenda-se "o conjunto de pressupostos básicos que um grupo inventou, descobriu ou desenvolveu ao aprender como lidar com os problemas e que funcionou bem o suficiente para serem considerados válidos e ensinados a novos membros".[3] De acordo com Schein, os fundadores da organização desempenham papel fundamental no processo de estabelecimento dos padrões culturais. "A partir do momento em que os fundadores desenvolvem formas próprias de resolução de problemas, eles transmitem aos demais integrantes a sua visão de mundo, bem como os valores que sustentam a razão da existência da própria organização."[4]

Sabemos, por sua vez, que contratar e engajar uma boa equipe são reconhecidamente duas das tarefas mais desafiadoras e dispendiosas para quem atua na área de gestão de pessoas, pelas mais diversas razões. É necessário encontrar gente talentosa e comprometida, que não busque somente um cargo ou salário, e sim um lugar onde todo mundo se sinta predisposto a entregar o seu melhor. Sobretudo, que as pessoas se mantenham leais, disponíveis e encorajadas para uma jornada de vários anos, e suficientemente adaptáveis para mudar de acordo com novos cenários.

Muito além de um pacote de benefícios, os aspirantes a um posto de trabalho estão em busca de aprendizado contínuo, promoções regulares, valorização de suas propostas e gestão eficiente de talentos, entre outros aspectos. O papel da Employer Branding, portanto, é justamente definir e expressar com clareza essas e outras qualidades empregadoras e, por conseguinte, atrair aqueles de quem a empresa necessita para atingir os seus objetivos de curto, médio e longo prazos. Deve-se levar em conta, ainda, que mesmo na chamada era da automação, com o uso continuado de robôs

---

3 SCHEIN, Edgar. *Cultura organizacional e liderança*. São Paulo: Atlas, 2009.
4 Ibid.

e algoritmos de eficiência comprovada, as pessoas têm e ainda terão papel fundamental na maior parte das corporações. Assim, a primeira lição pode ser resumida na seguinte frase de Robert McNamara (1916-2009), ex-presidente da Ford Motor Company: "Brains, like hearts, go where they are appreciated" (em tradução livre: "*Cérebros, como corações, vão para onde são valorizados*").

1
Employer Branding: um bom negócio para a empresa

Um plano de EB realizado corretamente gera uma imagem positiva em torno da empresa como um todo. Ela se torna capaz de atrair novos talentos e de manter os times já contratados motivados, satisfeitos e felizes em seus cargos e postos de trabalho. Essas pessoas, por sua vez, atuam como multiplicadoras e se encarregam de repassar a experiência umas para as outras e, ainda, para fora da companhia. É desse modo que uma boa marca empregadora se retroalimenta. Esse conceito se assemelha, em parte, ao funcionamento de uma marca corporativa – a empresa oferece uma proposta de valor aos seus clientes e consumidores a partir de seus produtos e serviços, e esses mesmos consumidores atuam como divulgadores dos produtos de maneira espontânea.

Integrantes dos times de uma empresa também são clientes. A diferença é que essas pessoas não consomem produtos e serviços, e sim a experiência de trabalho (ex – *Employee Experience*) que elas vivenciam enquanto os produzem. Os componentes dessa experiência se materializam por meio da cultura, das políticas e dos processos da companhia. Em conjunto, eles são capazes de atrair e engajar talentos ou afastá-los para bem longe. A estratégia de Employer Branding, então, pode ser vista como a maneira como uma empresa comercializa o seu produto interno (empregos) para consumidores e consumidoras em potencial (postulantes às vagas disponíveis) e sua clientela fiel (equipes atuais). Isso pode ser feito por meio da apresentação e da manutenção dos diferenciais oferecidos pela organização. Eles devem ser constantemente revistos e trabalhados no sentido de serem amplificados, para que a companhia fique posicionada como uma das melhores contratantes do mercado.

Uma boa marca empregadora ressalta, portanto, não apenas os seus valores e aspirações corporativos como também a sua proposta de experiência aos membros da equipe. Só assim ela se torna capaz de atrair pessoal perfeitamente alinhado aos seus atributos, à sua alma!

Totalmente inspirada em cx – *Customer Experience*, a experiência do empregado pode ser definida como a soma dos efeitos causados nas pessoas, a partir do conjunto de interações que elas mantêm com a empresa ou dentro da empresa. A ex é formada por meio das interfaces do dia a dia, da delegação ou cumprimento de atividades, do relacionamento entre equipes, pares, liderança e em quaisquer outros momentos que os colaboradores entendem como importantes. Alguns exemplos: atração e seleção, entrada e integração, desenvolvimento e reconhecimento ou sucessão, performance, mobilidade, saída, recomendação e, por que não, o reingresso. Sobre cada um desses elementos falaremos mais adiante.

Importante ressaltar que, em um país como o Brasil, que apresenta elevada taxa de desemprego, pode parecer supérfluo realizar investimentos em EB. No entanto, trata-se de um pensamento equivocado. A baixa qualificação profissional de grande massa da população em todas as áreas, em particular na de tecnologia, em contraste com os desafios atuais dos negócios, revela a enorme distância entre as vagas disponíveis e o número de indivíduos verdadeiramente qualificados para assumi-las. Essa disputa por talentos específicos é registrada em todo o território nacional. A situação não é recente e ainda deve perdurar talvez por mais uma década, o que torna o engajamento e a rápida captação de gente qualificada fatores imprescindíveis para o crescimento de inúmeras companhias.

Como ferramenta, a estratégia de EB ajuda a empresa empregadora a expressar o que ela tem a oferecer de modo concreto e atraente. Entrega, ainda, técnicas seguras para comunicar tais ofertas em que há mais oportunidades de captação. Assim, desenvolve um relacionamento baseado na confiança e no compromisso entre as partes. Uma identidade forte e legítima.

Empresas com marcas empregadoras de boa reputação economizam, ainda, tempo, dinheiro e mais dinheiro. Afinal, tempo também é dinheiro! Em primeiro lugar, o número de candidatos e candidatas a determinada vaga costuma ser maior do que nas empresas com reputação desfavorável. Nesse caso, a quantidade favorece o encontro da qualidade pela equipe de recrutamento, no menor prazo. Uma empresa com imagem negativa ou inexistente, por outro lado, certamente precisará de longas etapas para angariar bons talentos, além de desembolsar mais recursos financeiros, tanto do ponto de vista operacional como em relação a salários. Sem sombra de dúvida, as empresas que desenvolvem uma marca empregadora consistente conseguem, ainda, realizar contratações confiáveis e duradouras. Uma estratégia de EB verdadeira, relevante e aspiracional acerta no alvo com menos esforços e investimentos.

A árvore da Employer Branding

FOLHAS E FRUTOS = MARCA EMPREGADORA
Reflexo da percepção interna e da reputação geral da marca institucional e corporativa na mente dos talentos em potencial para aquela empresa. O impacto que a comunicação da marca (interna e externa) causa no público-alvo.

TRONCO E GALHOS = MARCA INSTITUCIONAL/CORPORATIVA
O que todo mundo vê, o que vem à mente do consumidor quando escuta falar de determinada empresa; a imagem pela qual a marca é reconhecida e associada no meio em que está inserida.

RAÍZES = CULTURA E PROPOSTA DE VALOR À PESSOA EMPREGADA (EVP)
Consiste nos pontos de diferenciação de uma empresa, tudo que a torna única, respondendo a questões como: O que leva os talentos a desejarem trabalhar em uma companhia? Por quais motivos as pessoas permanecem na empresa, defendem-na e a indicam a outros talentos?

2
Um pouco sobre o panorama atual do mercado de trabalho

Na era da Quarta Revolução Industrial, a complexidade dos desafios nas sociedades aumentou. Vivemos um momento de integração da tecnologia digital a processos industriais, como inteligência artificial, robótica, internet das coisas, impressão 3D, entre outras tecnologias avançadas. Essa revolução tem o potencial de transformar a maneira como vivemos, trabalhamos e interagimos, afetando indústrias e empresas em todo o mundo. Oferece, ainda, oportunidades para aumentar a eficiência, reduzir custos, melhorar a qualidade do trabalho e a criação de produtos e serviços. Por outro lado, também é um momento de desafios, como a necessidade de adaptação das pessoas colaboradoras e a garantia de segurança e privacidade dos dados.

Existe uma forte descrença nas organizações, uma grande frustração com promessas não cumpridas pelas instituições e uma ruptura dos vínculos formais entre empresas empregadoras e seus times. Cada vez mais, a opinião dos indivíduos ganha destaque e não somente o discurso das empresas em relação a si mesmas.

O trabalho ganhou um significado diferente, no qual a pessoa busca realização e propósito. Existe uma lacuna entre oferta e demanda, especialmente quando olhamos para a disrupção digital × a disputa por profissionais com qualificação. Somado a esse cenário, todas as oportunidades concorrem entre si. Se antes as pessoas sonhavam apenas em trabalhar em grandes companhias, com solidez financeira, atualmente elas também consideram a possibilidade de empreender. Existe, ainda, uma inclinação para a busca por bem-estar e convergência entre os próprios valores e propósitos e aqueles de potenciais empregadores.

Pesquisas revelam que boa parte da população enxerga com desconfiança as instituições do país, como o governo e a mídia. De acordo com o Edelman Trust Barometer 2022 – Relatório Nacional (Brasil), as empresas e as ONGs são as únicas instituições confiáveis no Brasil. Por sua vez, todos os *stakeholders* (interlocutores) cobram responsabilidade das empresas, e 63% dos participantes do estudo baseiam suas escolhas nas crenças e valores da marca. Enquanto as lideranças da sociedade relatam estar desacreditadas, cientistas (81%) e presidentes de empresas (65%) são considerados pessoas mais confiáveis, inclusive em relação às informações divulgadas. Com isso, aumenta também a pressão sobre as empresas para que comandem as questões sociais. Para a população brasileira, as empresas não fazem o suficiente em relação a desigualdade econômica (61%), mudanças climáticas (60%), acesso à saúde (56%), requalificação profissional (57%), informação de credibilidade (51%) e injustiças sistêmicas (50%).

O relatório da Edelman sugere que, a fim de restaurar a crença em um futuro melhor, as empresas terão de demonstrar avanços tangíveis e capacidade para fazer o sistema funcionar. Nesse ponto, o papel delas seria o de promover soluções no lugar de gerar divisões, e focar em ganhos de longo prazo no lugar do curto prazo. Finalmente, para romper o círculo de desconfiança, o estudo propõe que cada instituição deve prover "informações claras, consistentes e baseadas em fatos".

E o que tudo isso tem a ver com Employer Branding? Uma vez que o público interno atua como porta-voz dos atributos de uma companhia, conforme deixamos claro no capítulo anterior, quanto maior a confiança dessas pessoas nas empresas para as quais trabalham, melhor a imagem por elas multiplicada externamente. Ninguém deseja exibir no peito a logomarca de uma companhia que desperta dúvidas e desconfianças, tanto da porta para fora como para dentro, não é? Em outras palavras, a maneira como uma empresa influencia e atua na sociedade interfere diretamente no comportamento de sua equipe e no modo como ela reflete esses valores fora da companhia.

Nos quadros a seguir, é possível conferir alguns dos dados do Edelman Trust Barometer 2022, disponível na internet.

Confiança no governo e na mídia cai ainda mais no Brasil
Porcentagem dos que confiam, no Brasil

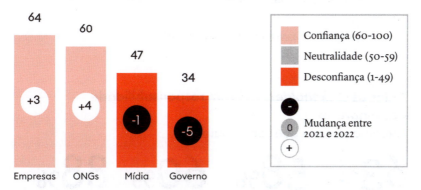

Fonte: Edelman Trust Barometer 2022 – Relatório Nacional.

Cai a confiança no governo e na mídia; empresas ainda são a única instituição confiável
Porcentagem dos que confiam

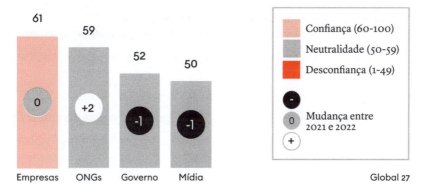

Global 27

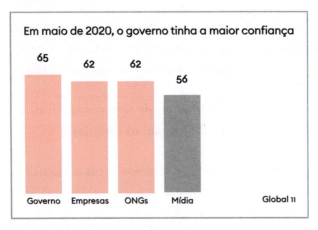

Fonte: Edelman Trust Barometer 2022 – Relatório Nacional.

Todos os *stakeholders* cobram responsabilidade das empresas
Porcentagem dos que concordam

63% compram ou defendem marcas com base em seus valores e crenças.

58% escolhem um lugar para trabalhar com base em seus valores e crenças.

60% investem com base em seus valores e crenças.

88% dos investidores institucionais sujeitam o ESG ao mesmo escrutínio aplicado em suas análises operacionais e financeiras.

No Brasil   Global 7

No Brasil Fonte: Edelman Trust Barometer 2022 – Relatório Nacional.
Global 7   Fonte: Relatório Especial Edelman Trust Barometer 2021: Investidores Institucionais.

"Meu empregador" tem confiança no mundo inteiro
Porcentagem dos que confiam

| Brasil 79 | Empresas 64 | ONGs 60 | Mídia 47 | Governo 34 |

País	Variação	%
Indonésia	-1	91
Índia	+1	90
China	-15	89
México	-1	85
Tailândia	+2	85
Emirados Árabes	+10	85
Holanda	-2	83
Arábia Saudita	+3	82
Colômbia	-1	81
Brasil	0	79
Malásia	-4	79
Canadá	0	76
Itália	0	76
África do Sul	0	76
Reino Unido	+5	76
Argentina	-2	75
Singapura	+2	75
Austrália	-4	74
Irlanda	+2	74
EUA	+2	74
Quênia	-6	73
Espanha	+3	72
Alemanha	-5	71
Rússia	+5	71
Nigéria	n/a	69
França	-3	67
Japão	0	60
Coreia do Sul	-5	53

Fonte: Edelman Trust Barometer 2022 – Relatório Nacional.

Mídia do "Meu empregador" tem a maior credibilidade

Porcentagem dos que acreditam automaticamente em informações de cada fonte, ou após vê-la duas ou menos vezes, no Brasil

Fonte: Edelman Trust Barometer 2022 – Relatório Nacional.

3
O valioso papel da pessoa colaboradora

Gestão de marca empregadora ou Employer Branding só existe a partir das experiências e histórias que as pessoas colaboradoras criam e compartilham sobre as empresas em que trabalham. É importante que o posicionamento da marca esteja em linha com o que esse público compartilha. Afinal, isso dará insumos para que uma boa reputação seja cristalizada.

Assim como a marca empregadora é construída a partir da cultura da empresa, as experiências de quem trabalha nela acabam por impactar a percepção interna e externa dessa marca. Por isso é tão importante monitorá-la periodicamente – sobre esse tema falaremos mais adiante, no capítulo 9.

Anteriormente, essa percepção permanecia restrita ao interior das organizações, e hoje ela está em todos os lugares. Nas redes sociais pessoais ou profissionais, nos sites de empregos e de reputação, nas respostas às pesquisas sobre carreira ou nas recomendações que ex-funcionários e ex-funcionárias fazem aos futuros membros em potencial dessas organizações. A presença de marca está em tudo e em todas as pessoas que com ela interagem.

Não por acaso, um bom time é considerado o ativo mais importante de qualquer empresa, além de oferecer uma vantagem competitiva no mercado. Seu trabalho, engajamento, talento e vontade de compartilhar conhecimentos e habilidades são essenciais para a produtividade e a existência da própria companhia. Quaisquer outros recursos podem ser adquiridos, construídos ou utilizados, mas eles jamais serão suficientes para garantir a sobrevivência e o êxito de uma corporação a médio e a longo prazos. O fator humano conta – e muito.

Por sua vez, as pessoas candidatas estão cada vez mais conscientes de seus interesses. Foi-se o tempo em que uma proposta de emprego era aceita sem questionamentos a respeito de benefícios, oportunidades de crescimento e uma leitura atenta do contrato a ser firmado. Se o ambiente de trabalho e a cultura da sua empresa não são considerados adequados, dificilmente alguém estará disposto a assumir o risco, ainda que o salário ofertado pareça satisfatório. Da mesma maneira, gente insatisfeita com a cultura organizacional tende a se desligar rapidamente – e acaba sendo atraída pela concorrência.

O público interno também fornece, como já ressaltado, uma visão honesta do interior da empresa. Por oferecerem uma imagem precisa de uma companhia como marca empregadora, uma boa estratégia de EB deve sempre incluir opiniões e pensamentos dos funcionários sobre a verdadeira experiência de trabalhar para determinada empresa. Além disso, o envolvimento da equipe pode intensificar a contribuição para a elaboração de ideias à criação ou gestão de uma marca empregadora de modo muito mais eficiente e diversificado. Mas não é só isso. A participação desses talentos humaniza a marca empregadora e gera mais transparência e confiabilidade.

Companhias que transformam seus times em embaixadores ou influenciadores da marca empregadora saem ganhando. Isso pode ocorrer de maneira orgânica, à medida que alguém atualiza o seu perfil pessoal e profissional em plataformas específicas, como o LinkedIn, ou preenche avaliações em sites de anúncios de emprego, por exemplo. Gente satisfeita costuma, ainda, compartilhar informações sobre vagas disponíveis a quem quer que esteja em busca de boas oportunidades, inclusive usando as próprias redes sociais. Além disso, sabemos, existe a tendência de pessoas indicadas terem mais chance de permanecer na empresa em razão do maior *fit* (aderência) com a cultura. Afinal, quem indica costuma contextualizar a pessoa sobre o que acontece "da porta de fora para dentro" da organização.

Por tudo isso, as mensagens usadas por uma empresa para transmitir sua marca empregadora e sua proposta de valor aos funcionários e funcionárias não devem incluir uma lista das vantagens e benefícios a serem ofertados, e sim parte inegável da essência e alma da companhia. Embora esteja incorporada à cultura organizacional, não é uma proposta perene, ou seja, deve acompanhar as transformações do negócio, o posicionamento e as crenças da organização. Somente dessa maneira os valores da empresa poderão ser retransmitidos externamente pela equipe de maneira fidedigna e ser capazes de atrair novas colaborações.

Criar uma forte proposta de valor para a pessoa colaboradora (EVP – *Employee Value Proposition*) pode parecer um projeto complexo, mas, quando realizado de modo constante e com base na análise de dados, somado ao entendimento da realidade em profundidade (viabilizada por entrevistas, grupos focais ou bate-papos com profissionais da empresa), é capaz de gerar grandes diferenciais. Uma EVP centrada nas pessoas deve, portanto, levar em conta benefícios bem estabelecidos pela empresa e lastreados no sucesso comprovado junto aos times atuais. Em outras palavras, uma boa proposta de valor à pessoa colaboradora deve ser vista como o conjunto de motivos pelos quais alguém:

- → Escolhe se candidatar a uma vaga.
- → Aceita uma oferta de emprego.
- → Advoga ou se torna guardião ou guardiã daquela marca.
- → Escolhe continuar na empresa.
- → Recusa outras oportunidades de trabalho.
- → Referenda a empresa.
- → Mostra identificação com a empresa.
- → Entende que seu trabalho gera um impacto.

Como é possível observar, a proposta de valor da empregadora oferece aos postulantes uma razão poderosa para que trabalhem em determinada empresa e não em outra. Envolve benefícios tangíveis e intangíveis, e todos os envolvidos devem ser devidamente comunicados, de forma transparente e que não gere dúvidas. É importante levar em conta que a EVP está no cerne do conceito de Employer Branding, uma vez que mantém relação direta com a atração de potenciais profissionais com a força de trabalho atual. Assim, uma EVP bem desenvolvida pode ser a chave para atrair as pessoas certas e mantê-las engajadas. Além disso, auxilia a companhia a priorizar metas e objetivos, em particular na área de gestão de pessoas. Em muitos casos, funciona também como "fórmula" de reengajamento de profissionais, reduzindo a necessidade de reciclagem e novas contratações. Apenas uma EVP claramente projetada poderá entregar o verdadeiro perfil de uma marca empregadora e garantir acesso para profissionais ideais a fim de que a companhia alcance seus objetivos.

É fundamental lembrar que, se o ambiente de trabalho e a cultura organizacional não estão saudáveis, o primeiro aspecto a ser considerado é melhorá-los antes de iniciar a confecção de uma EVP propriamente dita. A companhia com uma boa cultura corporativa terá mais sucesso para amplificá-la interna e externamente.

4
Como elaborar uma EVP eficiente

A primeira recomendação é adotar uma abordagem orientada por dados e inteligência coletiva para evitar a subjetividade na elaboração da Proposta de Valor à Pessoa Empregada (EVP). Depois de coletar essas informações, a empresa pode, então, dar início à elaboração de sua proposta. Em sua essência, ela deve representar o conjunto de ofertas exclusivas de um empregador.

A EVP deve estabelecer e comunicar claramente ao mercado os valores da marca. Deve ressaltar o que há de especial em trabalhar em determinada companhia e, especialmente, se manter em conformidade com a marca corporativa. A EVP também deve ser direcionada e devidamente compreendida pelas pessoas colaboradoras atuais.

Igualmente importante, deve-se levar em conta que a EVP não é uma mera lista de benefícios e vantagens, e sim parte de uma cultura organizacional. Justamente por isso, seus elementos não mudam repentinamente, embora possam se adaptar, quando necessário, em resposta às mudanças de cenário. Em outras palavras, uma EVP pode ser alterada conforme a evolução das necessidades da empresa e de seus times, mas sua essência deve ser uma constante. Uma vez que pessoas colaboradoras satisfeitas possam atuar como caixas ressonantes, conforme reforçado no capítulo anterior, elas serão as principais porta-vozes de erros e acertos nessa elaboração.

A implementação bem-sucedida da EVP depende, entre outras coisas, de uma boa gestão de marca, além de comprometimento.

Em alguns casos, ajustes simples ajudam as empresas a melhorar suas estratégias.

Em geral, a construção de uma EVP consiste em três grandes etapas. São elas:

1. Mapeamento de atributos.
2. Definição de fundamentos da EVP.
3. Mão na massa.

Etapa 1: Mapeamento de atributos

Neste momento, vamos conhecer, por intermédio de uma pesquisa quantitativa – de entrevistas em profundidade e/ou de outras metodologias de escuta – todos os atributos contidos na cultura, e que serão considerados na construção da EVP. Esses atributos são:

→ **Reputação**
Envolve clima e cultura organizacional, valores, desempenho da organização, estratégia e posicionamento no mercado em que está inserida.

→ **Reconhecimento**
Entendimento sobre políticas de remuneração fixa e variável; a gama completa de benefícios praticados entre os diferentes níveis e áreas da organização.

→ **Rotina**
Abrange o dia a dia da organização, o seu cotidiano. Os rituais e momentos de avaliação de resultados; as métricas utilizadas para observação do andamento do trabalho.

→ **Crescimento**
Relaciona-se ao treinamento e ao desenvolvimento, plano de carreira, sucessão e mobilidade entre a equipe.

→ **Gente**
Considera os diversos perfis das pessoas, suas habilidades e conhecimentos para a realização do trabalho; as competências comportamentais que desejamos reforçar ou agregar às

relações de trabalho; e, ainda, a liderança e o seu potencial para desenvolver, inspirar e conceber equipes. Nesse atributo também devemos considerar quão diversa e inclusiva a equipe é hoje, além de identificar a proximidade dessa configuração com o desejo da organização, pois esse será um pilar de trabalho na ativação da marca empregadora.

Etapa 2: Definição de fundamentos da EVP

Com os atributos mapeados e partindo da estratégia do negócio, poderemos filtrar quais prioridades devem ser reforçadas na proposta de valor às pessoas empregadas. A ideia é fazer com que o grupo responsável por esse projeto considere todos os elementos mapeados, as variáveis, e tenha em mente quais fundamentos ajudarão a consolidar a marca empregadora que deseja ver formatada e reconhecida no mercado.

Esse filtro deve resultar em três a cinco fundamentos essenciais da EVP, que nortearão a estratégia de marca empregadora. E, partindo deles, o plano de ativação será construído, contendo iniciativas e ações que a empresa deve adotar no período seguinte, com suas mensagens centrais e todos os recursos e informações necessários para a realização do trabalho. Propomos esse total de três a cinco fundamentos levando-se em conta que reforçar uma quantidade maior de atributos poderá confundir as audiências-alvo e resultar no efeito contrário, em que iremos comunicar muitas e diferentes informações, perdendo-se o foco do que é essencial para a tradução daquela cultura, sua proposta de valor e imagem como empregadora.

Etapa 3: Mão na massa

Neste momento, o trabalho será desdobrar os fundamentos da EVP no plano de ativação da marca empregadora.

Veremos mais sobre o plano de ativação no "Passo 5" da construção e gestão de marca empregadora no capítulo 6.

É importante ter em mente que, ao longo das etapas apontadas, precisaremos contar com algumas áreas e pessoas interlocutoras, pontos-chave para maior assertividade na construção da EVP, por algumas razões que veremos a seguir.

Pertinência

As lideranças da organização deverão se envolver e se engajar desde a concepção desse projeto, a fim de garantir que tudo esteja alinhado à estratégia do negócio. Aqueles que atuarem na área de gestão de pessoas devem garantir que haja sinergia com a proposta de valor à pessoa colaboradora (EVP).

Coerência

Profissionais da área de marketing e comunicação, responsáveis por contribuir para a implementação desse projeto, terão um papel crucial para garantir um bom posicionamento de marca diante de diferentes audiências-alvo.

Legitimação

Em última instância, o ideal é contar com pessoas de finanças ou de inteligência de dados, para que a organização passe a ter visibilidade dos potenciais ganhos financeiros que o projeto trará ao longo do tempo.

Por fim, fica a nossa recomendação para que seja feita uma prototipagem da EVP. Antes desse piloto, será importante estabelecer alguns rituais:

→ Apresentar os resultados do diagnóstico para a alta liderança.
→ Ilustrar os fundamentos identificados para o EVP – isso considera os principais pontos-fortes das organizações percebidos pelas pessoas colaboradoras.
→ Uma proposta de ações e ajustes necessários para melhorar a atual experiência das pessoas colaboradoras.

Dar conta de toda a jornada da pessoa colaboradora é um desafio e tanto. Ainda mais porque prevê uma diversidade de papéis, áreas, localidades, benefícios por categoria etc. Um exercício panorâmico seria refletir sobre os principais momentos da experiência profissional de alguém em uma organização. Explicamos.

Se você refletir agora sobre a sua organização, olhando para toda a equipe nela inserida e analisando o contexto atual × o futuro desejado, qual seria o panorama? Leve em consideração o quanto a experiência da pessoa colaboradora está alinhada com o posicionamento de marca empregadora pretendido.

Você vai precisar observar:

→ Em que medida está totalmente alinhada.
→ Em que medida está parcialmente alinhada.
→ Em que medida está desalinhada.

Para tanto, propomos que a observação seja realizada com base em alguns dos momentos da verdade, ou seja, os principais marcos vivenciados por uma pessoa colaboradora dentro da organização:

→ **Recrutamento & chegada**
  - Marketing de recrutamento.
  - Relacionamento e gestão de pessoas candidatas.
→ **Onboarding (integração) e orientação – comunicação interna**
  - Comunicação *top down* (da alta liderança aos cargos operacionais).
  - Comunicação *bottom up* (comunicação dos cargos operacionais à liderança).
  - Comunicação lateral ou social (entre diferentes áreas e pares).
→ **Gestão e performance**
  - Feedback e coaching.
  - Revisão do desempenho.
  - Flexibilidade e equilíbrio entre vida e trabalho.

- → **Desenvolvimento**
  - Desenvolvimento pessoal.
  - Desenvolvimento profissional.
  - Desenvolvimento da liderança.
- → **Compensação**
  - Recompensa e reconhecimento.
  - Benefícios flexíveis.
  - Esquemas de reconhecimento.
- → **Infraestrutura**
  - Instalações sociais, espaços coletivos.
  - Design e funcionalidade do ambiente de trabalho.
  - Tecnologia disponível: do local de trabalho/para a realização do trabalho.

A partir disso é possível pilotar a nova EVP com pessoas embaixadoras da marca empregadora e lideranças informais emergentes na organização.

Se a aceitação for positiva, avançar para a próxima etapa; se for negativa, será necessário voltar ao diagnóstico para refiná-lo.

Além disso, nos casos em que a EVP é global, cada região, ou até mesmo o país, pode optar por fazer uma regionalização da EVP, ou seja, uma adaptação para que a proposta fique mais aderente ao contexto cultural, social e econômico nas localidades em que está inserida.

Nesse cenário, é fundamental que a pesquisa de percepção de marca empregadora observe tal recorte, especificamente (local ou regional) para observação das coerências e divergências em relação à EVP global, bem como o posicionamento de marca empregadora definido. Assim, será possível desenhar um plano de ações para minimizar disparidades, do global ao regional, e fortalecer compatibilidades e fortalezas comuns entre todas as localidades em que a organização estiver presente, viabilizando a identificação entre as audiências-alvo.

5
Dois exemplos de sucesso em EB no Brasil

Muito se ouve falar a respeito de casos estrangeiros ou globais em Employer Branding, e quase nada no contexto latino-americano. A explicação dessa discrepância é realmente simples: essa temática é relativamente recente nos países em desenvolvimento. Por isso, é importante citar neste livro alguns exemplos de marcas empregadoras inseridas no contexto brasileiro. Essa realidade não só é possível como já está em execução, e reflete os diferentes "Brasis" existentes em nosso país.

A despeito das desigualdades socioeconômicas, empregabilidade, acesso à cultura e educação, comportamento de consumo de mídias e outros elementos, com vontade e determinação, empresas de qualquer porte e tempo de existência podem se tornar marcas empregadoras com a mesma força e eficiência daquelas que atuam com sucesso em países plenamente desenvolvidos.

O Banco Itaú é um excelente exemplo nacional de EB. Em 2020, ele conquistou o primeiro lugar como "Lugar Mais Incrível para Trabalhar", entre empresas de grande porte, e "Mais Incrível para Estagiários". A premiação, iniciativa da FIA (Fundação Instituto de Administração) e do portal UOL, foi criada com objetivo de reconhecer as empresas que mais beneficiam seus times e equipes. De acordo com o *Employee Net Promoter Score* (ENPS),[5] ferramenta de

---

5 ENPS ou *Employee Net Promoter Score* é um método que permite às organizações medirem o nível de lealdade dos seus colaboradores. Inspirado no *Net Promoter* ›

pesquisa que ajuda a medir o grau de satisfação de funcionários em seu ambiente de trabalho, o Itaú também recebe uma pontuação anual quase máxima, em torno de 90 pontos. Nada mal para uma empresa com quase 87 mil colaboradores no Brasil, não é mesmo?

Além desses atributos, é preciso levar em conta outros fatores que conferem uma excelente reputação à marca:

→ O banco recebeu o título de marca mais valiosa do país em 2021, pelo segundo ano consecutivo, e está listado entre as 50 Marcas Brasileiras Mais Valiosas do País, no período de 2021/2022.

→ O Itaú revisita seu posicionamento de marca na mesma velocidade com que revisita o seu negócio. A transformação passou a fazer parte da cultura da empresa.

→ A marca se aproxima assiduamente dos seus públicos-alvo por meio de campanhas publicitárias e de marketing.

→ Tem excelente desempenho financeiro, com lucro acumulado de 26,879 bilhões de reais em 2021, o que representa alta de 45% em relação ao período anterior.

→ Adota a política de "fazer o que fala", realizando campanhas destinadas a transmitir a cultura do banco aos seus funcionários.

→ É adepto da inovação aberta.

Nos anos de 2019 a 2021, o Banco Itaú apareceu no Top 5 "Empresa dos Sonhos" entre os públicos respondentes (jovens, média gestão e alta liderança) da pesquisa "Carreira dos Sonhos". Essa pesquisa anual, realizada pela Cia de Talentos, considera tendências em gestão de pessoas e mercado de trabalho para mapear expectati-

---

› *Score* (NPS), ferramenta criada para medir a lealdade dos clientes, o ENPS avalia a probabilidade de uma pessoa colaboradora recomendar a organização como um bom lugar para trabalhar. O ENPS também pode ser utilizado em outros aspectos da organização, desde a atração até depois da saída ou na recomendação de futuras pessoas potenciais.

vas de carreira e percepção de marca empregadora das empresas no Brasil, e em outros nove países da América Latina, há mais de vinte anos. O resultado ressalta a importância do banco como marca desejada por talentos em potencial. Na mesma pesquisa, quando questionados sobre os motivos de escolha da marca empregadora, os respondentes apresentaram as seguintes razões como principais:

→ Desenvolvimento.
→ Fazer o que gosta.
→ Boa imagem.
→ Segmento de atuação.
→ Inovação.

Em resumo, o Itaú é um ótimo exemplo de construção e consolidação de marca empregadora, com excelência em suas práticas de gente e gestão. Presente em diversos rankings, o banco também foi eleito em 2022, pela quarta vez consecutiva, o primeiro colocado no ranking "Top Companies Brasil" do LinkedIn, em sua sexta edição (2022). Essa classificação reconhece as 25 melhores empresas para desenvolvimento da carreira no país.

O banco também se destaca pela diversidade de seus talentos, como observado nos dados coletados e divulgados publicamente pela empresa, na internet, no Relatório Anual Integrado de 2020 do Banco Itaú:

Índice de rotatividade

Houve uma queda expressiva no índice de rotatividade em 2020, de 16,7% em 2019 para 7,9%, em função do menor número de desligamentos e suspensão temporária das demissões devido à pandemia. A partir de setembro de 2020, todas as atividades de gestão de pessoas foram retomadas.

Relação entre admissões e desligamentos de colaboradores em 2020

3,3%
Voluntário

4,6%
Involuntário

7,9%
Total

Perfil dos colaboradores
por faixa etária

Mulheres

Negros

Pessoas com deficiência (PCD)

Mulheres

51,1% das mulheres em cargos de gestão.

20% em cargos de nível executivo.

13,8 em cargos de diretoria.

0,8% *trainees*.

Pessoas com deficiência (PCD)

1,1% dos colaboradores em cargos de gestão são pessoas com deficiência (PCD).

1% das mulheres em cargos de gestão são pessoas com deficiência (PCD).

35 colaboradores contratados com transtorno do espectro autista.

0,8% dos *trainees* são pessoas com deficiência (PCD).

Desenvolvimento de colaboradores

963.972
horas de treinamento

85.983
colaboradores treinados

11
horas de treinamento médio por colaborador

Saúde e segurança dos colaboradores
Destaques durante pandemia de covid-19

Home office para colaboradores elegíveis	Fechamento de algumas agências e redução do horário de atendimento	Protocolos reforçados de higienização	Distribuição de máscaras para todos os colaboradores
Afastamento dos colaboradores pertencentes ao grupo de risco de trabalho presencial	Rodízio de colaboradores nos locais de trabalho	Adequação das instalações para garantir o distanciamento social	Programa de vacinação contra a gripe
Adiantamento do 13º salário e auxílio home office aos colaboradores	Intensa comunicação por meio dos canais oficiais para orientar os colaboradores	Afastamento dos colaboradores sintomáticos com monitoramento e acompanhamento	Teleconsultas para nossos colaboradores em parceria com hospitais locais
Taxa de lesão 1,88	Taxa de dias perdidos 507,33	Exames periódicos meta 96%	Taxa de doenças ocupacionais 1,57
Taxa de absenteísmo 2,69			

Fonte: Relatório Anual Integrado de 2020 do Banco Itaú.

O Itaú entende que seu negócio é prestar serviços, e executa esse objetivo por intermédio de sua gente, de seus talentos. Com isso em mente, adota práticas que visam atrair, reter e engajar os funcionários, tendo como fio condutor fundamental a diversidade. A empresa se orienta por meio de pesquisas com colaboradores, além do ENPS (*Employee Net Promoter Score*).

Importante destacar que a média de satisfação dos colaboradores, entre 2018 e 2020, se manteve em 87%. Observando especificamente o ano de 2020, o ENPS da empresa tem entre seus colaboradores 86,4% promotores; 11,3% neutros; 2,2% detratores.

Outro bom exemplo de construção e gestão de marca empregadora é a Loggi, startup brasileira na área de logística. Com dez anos de existência, a empresa atingiu o feito de se tornar um unicórnio, como são definidas atualmente as startups que conquistam avaliação de preço de mercado superior a 1 bilhão de dólares.

A Loggi tem por ambição conectar o Brasil e, por meio do seu *core business*, atrair talentos diversos de todos os cantos do país. Desse modo, tem fortalecido a sua cultura inclusiva e aberta à inovação. Consegue atrair talentos de regiões tão distintas quanto os destinos de suas entregas.

Para o Brasil, entendemos que a Loggi vem construindo um legado muito importante: formalizar empregos para mais de 25 mil motofretistas que, antes, viviam de subempregos e/ou empregos informais. Geração de trabalho e renda em um país em desenvolvimento com alto índice de desemprego é algo a ser celebrado e reconhecido, e assim o é para os seus mais de 3.800 colaboradores.

A despeito dos impactos financeiros observados nas organizações, em razão de sucessivas crises e da necessidade eventual de adequação dos quadros de profissionais, a Loggi observa um ritmo acelerado em relação à presença da marca em todo o território nacional. São mais de 350 mil entregas/dia e crescimento de receita na ordem de 125% (dados de 2021). Seu reconhecimento vem de fontes distintas:

→ 5º lugar no LinkedIn Top Startups de 2020.
→ 22ª colocada no ranking das empresas mais amadas do Glassdoor, em 2020.
→ Great Place to Work (2017, 2019 e 2020).
→ Avaliada como uma das empresas mais inovadoras do Brasil pela Forbes (2020).

A Loggi é avaliada em 4,6 por seus colaboradores na plataforma Glassdoor, em uma pontuação que vai de 1 a 5. No que diz respeito à parte qualitativa, podemos observar comentários sobre experiências muito positivas na empresa e nos campos abertos para pontos de melhoria. Em sua maioria, observamos diversas declarações como "não vejo necessidade de melhoria", no sentido de que esses funcionários se sentem satisfeitos. Além disso, no LinkedIn, não raro observamos postagens e menções dos "Loggers" sobre acontecimentos positivos em sua experiência como empregados, a maioria delas com amplo alcance e engajamento.

Vale destacar, ainda, que a empresa se posiciona frequentemente de forma inclusiva e transparente, gerando proximidade com seus públicos-alvo. É possível observar que seu posicionamento como marca empregadora se mantém alinhado ao posicionamento e estratégia da marca institucional, trazendo clareza sobre o tipo de talento de que o negócio necessita para seguir crescendo.

A superação da experiência negativa é o que determina se a marca empregadora poderá ou não se sustentar ao longo do tempo como positiva – um bom local de trabalho. Além disso, a facilidade na observação e acesso a informações sobre as iniciativas das organizações também impacta a percepção delas junto às suas audiências-alvo. Quanto mais evidências compartilharem sobre suas culturas, o valor percebido por suas equipes, as experiências oferecidas à sua *gente*, mais fluido será o trabalho de consolidação dessas marcas empregadoras, e mais fácil será identificar e criar conexão com tais organizações. O capítulo 8 aborda em detalhe a questão de como estimular o compartilhamento da cultural organizacional.

6
Passo a passo para o desenvolvimento de uma estratégia de EB eficiente

Neste ponto, temos certeza de que a importância de criar, manter e gerir uma marca empregadora já está esclarecida. Devemos, portanto, passar ao desenvolvimento de uma estratégia de EB capaz de observar os princípios apresentados e de ajudar em seu desenvolvimento prático propriamente dito.

Para esse fim, propomos uma metodologia composta de oito passos, resumidos e detalhados a seguir.

Passo 1: Saber quem somos e aonde desejamos chegar

Conhecer o propósito da organização, sua razão de existir, bem como entender quais problemas o negócio se propõe a resolver – e como a empresa deseja ser reconhecida hoje e no futuro, nos pautará nesse passo inicial. Isso porque a partir desse entendimento é possível desenhar o perfil das personas (representações fictícias de audiências-alvo) que a organização necessita atrair e engajar, com vistas a entregar seus objetivos e permanecer competitiva e relevante no contexto em que está inserida.

Começar pela avaliação da cultura é essencial para a consistência desse trabalho. Assumir as fortalezas e as oportunidades de melhorias poderá dar suporte a planos de ação e ativação da marca empregadora. Nesse passo, é fundamental entender que a EB não será vista da mesma forma por todas as pessoas, sendo importante nos mantermos confortáveis com essa realidade.

Nesse passo, a elaboração de uma EVP eficiente é de extrema importância, e o capítulo 4 deste livro desenvolve o tema mais a fundo. Devemos também realizar um mapeamento para avaliar:

→ Como os valores da organização se desdobram em suas políticas.
→ Como os comportamentos expostos são refletidos em seus processos.
→ Como as atitudes da equipe incorporam as práticas no dia a dia da empresa.

Entender esse ponto significa parametrizar a experiência da pessoa colaboradora, que tem por origem a cultura organizacional traduzida na proposta de valor à pessoa colaboradora, comunicada por meio da marca empregadora (para dentro e para fora da organização).

Sensibilizar a alta gestão e contar com seu apoio contínuo em toda a linha de tempo do projeto de marca empregadora faz toda a diferença. Dada a sua complexidade, esse trabalho exigirá sinergia e interface constantes entre áreas distintas. Para engajar a liderança, devemos expor fatos e dados sobre a disputa por talentos; demonstrar as perdas que a complexidade de seus desafios e cenários representa para a organização, além dos prejuízos e benefícios de um possível trabalho de marca empregadora no curto, médio e longo prazo.

Para a liderança, é preciso apresentar esses pontos com clareza e reforçar que Employer Branding significa um direcionador para todo o negócio, e não um projeto com prazo limitado. Só assim a marca empregadora passará a ser vista como prioridade por todos – e não somente para determinado setor. Entenda que as áreas de gestão de pessoas, comunicação ou marketing, isoladamente, não suportarão a perenidade do trabalho de marca empregadora se operarem sozinhas. É preciso identificar as parcerias certas em toda a jornada da pessoa colaboradora que dão sustentação a esse trabalho, por meio de experiências positivas às pessoas empregadas/colaboradoras.

Passo 2: Fazer um raio X de EB

Nesta etapa, é necessário olhar para dentro. Uma sugestão é aplicar uma ou mais ferramentas de escuta, como pesquisas quantitativas, qualitativas, entrevistas ou grupos focais, que possibilitem conhecer a percepção interna e externa quanto à marca empregadora.

Internamente, a promoção de entrevistas em profundidade com lideranças, grupos focais de pesquisas com carreiras específicas e times pode compor um bom resultado. Com esse público, podemos mapear questões relevantes sobre a experiência da pessoa colaboradora; práticas de gestão adotadas pela empresa; posicionamento e reconhecimento da marca empregadora; comunicação e alinhamento; processos internos; reputação; embaixadorismo e outros elementos que percorrem todo o ciclo de vida do empregado, e que são traduzidos na marca empregadora.

Externamente, é possível mapear as personas que desejamos trazer para dentro do negócio. O quanto esse público-alvo já conhece a organização? O que pauta sua escolha por uma oferta de trabalho? A partir dessas respostas, fica mais fácil determinar quais são as oportunidades para reforçar os atributos da marca já reconhecidos em suas comunicações ou, ainda, o que deve ser priorizado e revisitado para melhorar a reputação da marca empregadora.

Importante ressaltar que uma boa estratégia de Employer Branding é impactada por diferentes esferas dentro de uma organização. Na sequência, expomos alguns desses elementos a fim de auxiliar na reflexão sobre o posicionamento da marca empregadora.

Esfera interna

→ Comunicação interna × dia a dia do trabalho.
→ Entendimento da imagem da empresa perante a equipe.
→ Mecanismos de feedback internos, como pesquisas sobre a experiência e a satisfação das pessoas colaboradoras.
→ Canais para trocas constantes entre a equipe; tomada de medidas para sua escuta ativa.

- Experiência na qual o trabalho não invada as horas da vida pessoal.
- Experiência que promova e incentive o equilíbrio entre vida profissional e pessoal.
- Atualizações sobre sistemas de incentivo, políticas de reconhecimento.
- Ações ou eventos internos.
- Oportunidades de desenvolvimento; clareza para o crescimento na empresa.
- Iniciativas que reflitam a cultura corporativa, como projetos sociais institucionais, ações de incentivo ao voluntariado, preservação do meio ambiente etc.

Esfera externa

- Pontos de contato com pessoas candidatas × comunicação externa.
- Processos operacionais de contato com pessoas candidatas entregam a mesma experiência prometida pela marca na mídia convencional? Isso vale para entrevistas e demais etapas do processo de atração, seleção e admissão.
- A marca está exposta em feiras de carreiras, de recrutamento e outros eventos convergentes com as carreiras profissionais que se deseja converter em pessoas contratadas para a organização?
- Há parcerias com instituições que promovam a exposição da marca e levem maior conhecimento, gerando interesse sobre ela na audiência prioritária?
- A organização está presente em pontos de contato e formatos suficientes off-line ou na internet, com conteúdo relevante para converter pessoas inscritas em vagas e, posteriormente, admitidas?

Em resumo, é necessário olhar para dentro e para fora!

Neste passo, o objetivo é modelar uma equipe de trabalho responsável pela construção e gestão da marca empregadora, em todos os pontos de contato e interfaces da organização, tanto para dentro como para fora da empresa.

Idealmente, essa equipe deve ser multidisciplinar, ou seja, um time de profissionais com diferentes habilidades, funções, qualificações e expertises. Desse modo, a diversidade de saberes poderá complementar o olhar ao longo do trabalho contínuo de marca empregadora, eliminando eventuais vieses negativos que possam surgir entre as áreas.

É igualmente importante conhecer em profundidade os principais desafios de gestão de pessoas em termos de estratégia e posicionamento do negócio, além das criticidades de comunicação da marca. Para alcançar essa meta será preciso:

→ Mapear os principais objetivos da organização com o trabalho a ser desenvolvido.
→ Avaliar os insumos da organização, como pesquisas, projetos e campanhas existentes.
→ A partir da observação da experiência da pessoa colaboradora, revisitar políticas e processos de gestão para verificar eventuais lacunas e oportunidades de melhoria.

Chegaremos a um entendimento no qual essa *desk research*,[6] cruzada com análises de documentos, pesquisas internas, campanhas e o tom de voz usado pela empresa, responderá a alguns dos seguintes questionamentos:

---

6 *Desk Research*: em linhas gerais, é um método no qual informações de documentos já existentes são reunidas para gerar conhecimento sobre um determinado tópico. Essa busca se baseia em dados secundários: informações coletadas a partir de pesquisas de outros projetos, realizadas por outras pessoas. No fim, a *desk research* consiste em efetuar pesquisas sobre pesquisas, em vez de conduzir um estudo próprio com observação de campo, entrevistas, testes etc.

→ Existência do *walk the talk*, ou seja: o que a empresa pratica em suas relações cotidianas está alinhado com o que ela diz?

→ Proposta de valor atualmente oferecida às pessoas empregadas ou, ao menos, os principais atributos para a sua construção (EVP).

As respostas da pesquisa externa deverão revelar:

Quais são as convergências e divergências entre as percepções internas e externas. Com base nisso, poderemos clarificar as fortalezas percebidas e elencar prioridades para tratar as discrepâncias.

O quanto a proposta de valor entrega o que as pessoas candidatas em potencial desejam encontrar em oportunidades de trabalho em uma organização.

Além disso, a pesquisa externa apoiará a elaboração do diagnóstico, com todas as análises e recomendações para que a equipe de trabalho realize uma entrega consistente.

Com esses dois recortes, somados ao entendimento das esferas mencionadas, será possível fazer o raio X da situação atual, avaliar fortalezas e oportunidades sobre a reputação e a existência, enfim, da marca empregadora.

Passo 3: Definir os principais objetivos estratégicos, indicadores e metas

A partir dos passos anteriores, é possível determinar desafios e priorizar as metas de EB em sinergia com a estratégia, posicionamento e objetivos do negócio para curto, médio e longo prazos.

Deste ponto em diante é possível continuar a estabelecer objetivos, sendo, porém, mais importante definir objetivos, indicadores e metas realistas convergentes com o momento da empresa. Em outras palavras, determinar o contexto organizacional, além de sua maturidade em relação à gestão de marca empregadora. Sugerimos responder à proposta de Escala de Proficiência em Employer Branding no capítulo 7, a fim de descobrir o nível de maturidade da empresa, antes de prosseguir para os próximos passos.

Para clarificar e melhor distinguir conceitos, vamos citar um cenário hipotético. Suponha que o *objetivo estratégico* da organização em EB seja "tornar-se uma empresa de escolha das pessoas candidatas prioritárias para o negócio". Nesse caso, um *indicador* poderia ser, por exemplo, "a posição da organização nos rankings empregadores". E uma *meta possível* seria "estar entre as Top 10 Empresas dos Sonhos da minha audiência-alvo no ranking da pesquisa 'Carreira dos Sonhos'". Ou ainda, "subir duas posições no ranking das 'Empresas dos Sonhos' da pesquisa 'Carreira dos Sonhos', tendo como recorte minha audiência-alvo".

Aqui, resgatamos dois pontos cruciais:

1. Sua marca não será desejada por todas as pessoas, nem poderia ser. Foque o tipo de persona ou pessoa candidata que alimentará as necessidades de seu negócio.
2. A audiência-alvo deverá representar sua persona. Ela precisa ser específica. Por exemplo: pessoas universitárias ou com até dois anos de formação nos cursos de tecnologia, residentes na região nordeste, entre 18 e 26 anos.

Não existe receita de bolo que sirva para todos os negócios, assim como não há um único modelo que seja o mais correto a seguir. Existem métricas que podem ser utilizadas ou não por uma empresa, a depender de seu contexto, maturidade e prioridades.

Vamos citar alguns exemplos de classificação e métricas:

Mercados de pessoas potenciais

→ *Awareness*: alcance da mídia dedicada a EB.
→ Exposição de marca ou volume de impressões das campanhas.
→ Quantidade de pessoas curtidoras, seguidoras ou conectadas com suas mídias sociais.
→ Custo das campanhas por clique.

- Duração da visita/navegação no site da empresa.
- Quantidade de visitantes no site da empresa (visitas únicas).
- Conversão de visitas em candidaturas.
- Taxa de rejeição (quantidade de pessoas visitantes que desistem logo após entrar no site da empresa).
- Interações com a marca (em canais digitais, ativações off-line ou híbridas).
- Conhecimento de marca empregadora anterior e posterior ao contato para a seleção.
- Reconhecimento e imagem de marca empregadora: detratores, promotores, premiações.
- Nota em sites de reputação (Indeed, Glassdoor etc.).

Pessoas candidatas ativas
- Quantidade de pessoas inscritas para a vaga ou processo seletivo × taxa de conversão em pessoas contratadas.
- Quantidade de pessoas inscritas dentro do perfil (inscrições de qualidade).
- Efetividade das fontes e canais de busca.
- Nível de satisfação das pessoas candidatas.
- Quantidade de interação com a marca (engajamento em redes sociais).
- Tempo de contratação.
- Conversão das recomendações internas.
- Participação nos rankings.
- Taxa de não comparecimento em entrevistas (ou de desistência em outras etapas de um processo seletivo).
- Presença e avaliação da empresa nos sites especializados.
- Taxa de ofertas de trabalho aceitas ou recusadas.
- Custo por pessoa candidata (valor investido em divulgação dividido pelo volume de pessoas candidatas).

Pessoas colaboradoras
→ Retenção × rotatividade de pessoas.
→ Recusa a ofertas de concorrentes (lealdade à marca empregadora).
→ Qualidade da contratação.
→ Nível de satisfação das pessoas recém-chegadas.
→ Nível de satisfação com a experiência da pessoa empregada (ENPS).
→ Engajamento × embaixadorismo (quantidade de depoimentos espontâneos).
→ Custo de treinamento.
→ Custo de demissão e reposição.
→ Custo por contratação (valor investido no processo seletivo dividido pelo número de pessoas contratadas).
→ Lucro por pessoa.
→ Custo por pessoa (custo da empresa dividido pelo total de pessoas).

***Alumni* (ex-colaboradores)**
→ *Advocacy*: pessoas ex-colaboradoras como defensoras da marca empregadora.
→ Quantidade de conteúdos e recomendações feitas.
→ Qualidade de conteúdos e recomendações feitas.

Ao concluir esse processo de criação da identidade de marca empregadora, você deve conseguir responder a algumas perguntas que representam a integralidade de sua dimensão.
    Convidamos você a exercitar a reflexão a seguir:
→ **Sobre a identidade da marca empregadora**
O que a marca representa e como ela se expressa?
→ **Sobre as experiências geradas**
Como a marca nos faz (ou já nos fez) sentir em relação à nossa interação?

- **Sobre identificação e pertencimento**
  De quais formas a marca mobiliza o nosso desejo de querer fazer parte dela? De que maneira nos conectamos com essa marca?
- **Sobre diferenciação**
  O que torna a marca diferente e única, se comparada às demais no mercado?

Passo 4: Estabelecer a identidade da marca empregadora

Como vimos no capítulo 4, uma vez definida ou redesenhada com clareza a EVP (Proposta de Valor à Pessoa Empregada), levando-se em conta os principais atributos da marca a ser amplamente comunicados e entregues à audiência-alvo por meio da experiência da pessoa colaboradora, é necessário estabelecer as diretrizes de identidade da marca empregadora.

Nesta etapa, é importante enquadrar a EB na hierarquia de marcas,[7] de forma que ela esteja alinhada com o posicionamento da marca institucional. Conhecer seus pontos de diferenciação e o que a torna única para pessoas consumidoras (marca institucional) e pessoas candidatas ou colaboradoras (marca empregadora) dará suporte ao (re)desenho de seu posicionamento e à definição das mensagens centrais que a empresa deseja fortalecer.

Para construir a identidade de uma marca empregadora é necessário considerar:

- **Propósito**
  Uma causa maior do que o negócio. Por que a empresa faz o que faz? O que deseja resolver?
- **Missão**
  Qual a razão de a empresa existir? Para quem ou com o que a empresa trabalha?

---

7   Conforme o gráfico na página 76.

→ **Visão**
Objetivo aspiracional, o sonho da empresa.

→ **Logomarca e logo de apoio**
Símbolo ou ícone que a represente e símbolo com a escrita que a identifica.

→ **Audiência-alvo e personas**
A diferença entre os dois públicos se refere à profundidade do conhecimento dos perfis. Enquanto a audiência-alvo traz informações mais genéricas (sociais, econômicas, demográficas, renda, escolaridade e localização geográfica), as personas, além dos dados de audiência-alvo, supõem um perfil semifictício com as características da pessoa consumidora ideal, aprofundando questões como hábitos de consumo, estilo de vida, rotina, hobbies, valores, ambições, gostos e preferências. Além do que a pessoa fala, faz, o que a mobiliza em qualquer tomada de decisão, seja na compra de um produto ou ao participar de um processo seletivo.

→ **Valores e personalidade**
Quais as crenças da marca? Se a marca fosse uma pessoa, quais seriam suas características mais marcantes?

→ **Diferenciais**
O que torna a marca única e diferente das demais?

→ **Mote**
Frase curta que pautará a propaganda da empresa.

→ **Competidores**
Quais são seus principais concorrentes? Como eles se posicionam?

→ **Tom de voz**
É a personalidade expressa por meio da linguagem em canais de comunicação. Precisa ser consistente em todos os meios em que se apresenta, desde perfis em redes sociais, e-mails, sites, programas de podcasts ou mídia impressa, por exemplo. O tom de voz é reforçado em diálogos e relacionamentos, e se torna muito presente e natural.

→ **Mensagens centrais**
São definidas a partir dos principais atributos da cultura, percebidos dentro e fora da empresa.

→ **Razões para acreditar**
Evidências que possam ilustrar que tudo isso é real, concreto e vivenciado na organização.

No final desse mapeamento, a organização consegue reunir as condições para desdobrar a identidade da marca empregadora em peças de design visual que transmitam a visão e os valores da empresa. Esse material pode ser usado na comunicação da organização, incluindo os conceitos criativos principais e os slogans. Esse tipo de trabalho costuma ser denominado no mercado como *guideline* de marca (guia de referências de marca) ou *brand book* (livro de marca).

Passo 5: Desenvolver um plano de ativação de marca empregadora

Um plano de ativação de marca empregadora deve conter todas as ações, projetos ou iniciativas para consolidar a imagem desejada, em linha com a estratégia previamente elaborada nos passos anteriores. Esse plano deve ser a materialização dos atributos principais da marca, aquilo que representa sua essência, o que é percebido internamente por seus times e externamente por suas audiências-alvo, agregando planos de comunicação (mensagens, mídia, conteúdos etc.).

A ativação deve respeitar premissas importantes

→ Alinhamento da EVP com a comunicação interna e externa.

→ Revisão e elaboração de campanhas específicas, em linha com as diretrizes do posicionamento e os atributos principais da marca empregadora.

→ Elaboração do conceito criativo, identidade visual e guia de uso da marca empregadora, alinhados com a marca institucional, para aplicá-la em toda a jornada da pessoa colaboradora na organização.

Enfoques da ativação de marca empregadora

O processo de ativação de marca empregadora deve ser integral, ou seja, prever todos os enfoques por meio dos quais ela entra em contato com a audiência-alvo. É necessário preservar a coerência, ter como pano de fundo seu propósito, além de comunicar usando o tom de voz escolhido.

Para tanto, é importante considerar:

→ **Enfoque digital**
Redes sociais, sites, aplicativos. A construção dos perfis deve ser pautada na identidade e em toda a interação provida, ou seja, nas experiências com a marca (por exemplo, engajamentos e comentários, recomendações, elogios ou tratamento de reclamações, espaço para diálogo e feedbacks). No cenário atual, esse enfoque é crucial para ganhar relevância na audiência-alvo, mesmo que a marca não seja, em essência, digital. Estamos na era dos bytes.

→ **Enfoque físico**
Espaços de trabalho, lojas e estandes também são meios relevantes de prover experiências com a marca. Isso pode ser feito por meio de um *working day*[8] na empresa, uma feira de carreira em uma instituição de ensino superior. São possibilidades de interação 1 a 1, nas quais a audiência poderá conversar com alguém que represente a marca,

---

8   *Working Day* é um formato de ação presencial em que empresas simulam a experiência de um dia corriqueiro de trabalho, para que sua audiência-alvo vivencie a experiência laboral e, com isso, tenha evidências de sua cultura organizacional.

conhecer mais sobre ela, tirar dúvidas e, por fim, se aproximar da organização.

→ **Enfoque da comunicação**
As empresas comunicam sua identidade e tom de voz por meio de todos os canais em que se fazem presentes. Usar conteúdos e formatos que sejam relevantes para a audiência-alvo pode aumentar a visibilidade e o interesse.

→ **Enfoque de serviços e produtos**
A marca empregadora se desdobra da marca institucional e corporativa, por isso é tão importante existir um alinhamento entre elas. Contar com a força das marcas de produtos e serviços – e com a maneira como geram valor no mercado consumidor e comunidade nos quais estão inseridos – são elementos geradores de mais relevância.

Como as pessoas da empresa influenciam a EB

Como vimos nos dados do Edelman Trust Barometer, no capítulo 2, o público interno da organização pode ser a fonte de informação mais importante sobre a marca empregadora. Isso porque, mais do que visitar o site da empresa, esse público tem acesso ao dia a dia de trabalho, ao modo de interação entre pares, equipes, lideranças. No fim do dia, são essas as pessoas que entregam a qualidade de produtos e serviços e podem garantir se aquilo que o CEO comunica à Imprensa condiz (ou não) com a realidade interna da organização. Isso demonstra a importância da transparência na comunicação da organização, e de contar com quem, espontaneamente, ajuda a reforçar a imagem da marca empregadora.

Claro que todos esses enfoques poderão ser mais ou menos reforçados a partir do contexto organizacional. O porte e o segmento da empresa podem alterar a frequência de exposição da marca em um ou outro ponto de contato, mas não a impedem de estar lá. Por exemplo:

- Em um escritório da área de Direito, o contexto físico e a hospitalidade são essenciais na determinação de sua reputação.
- Em um marketplace, os pontos de contato digitais deverão ser priorizados e afetarão não apenas a experiência da pessoa usuária como a percepção da pessoa com potencial para trabalhar na organização.
- Já em uma empresa de bens de consumo, a força de comunicação das marcas de seus produtos será determinante.

Ao longo do processo de ativação de marca empregadora, certamente a empresa deve considerar ainda:

- **Mapear e monitorar os pontos de contato**
  Quais são os canais, espaços e ambientes utilizados pela audiência-alvo e que podem gerar conexão com a marca empregadora. Considerar cada um dos enfoques para definir a quais deles a empresa deve aderir.
- **Definir a *Candidate Experience* e a *Employee Experience***
  Tempos e movimentos da interação da marca empregadora com a pessoa colaboradora ao longo de sua jornada, incluindo o pós-empresa. A ação se estende à pessoa candidata, desde antes do processo seletivo. Cada um desses pontos de contato é uma oportunidade de reforçar a personalidade/identidade de marca empregadora, a fim de contribuir com a maneira como queremos ser reconhecidos.
- **Implementar o plano, efetivamente**
  Ter a iniciativa e também a "acabativa" das ações propostas, contando com uma equipe multidisciplinar capaz de garantir que tudo saia do papel, e que a marca empregadora seja construída, consolidada e se torne forte, especialmente entre sua audiência-alvo.
- **Acompanhar seu progresso**
  Analisar resultados, acompanhar a evolução dos indicadores e celebrar cada conquista; revisitar prioridades sempre que

houver demanda do movimento organizacional; cruzar dados dos diferentes canais e transformar as análises na inteligência de marca empregadora.

Não há uma receita de bolo, mas existe um caminho possível para viabilizar o trabalho em Employer Branding. O plano apresentado deverá prever ações, prazos, recursos, canais, mensagens centrais, se envolve liderança ou pessoas embaixadoras – e não apenas isso. Deverá refletir a experiência da pessoa colaboradora na organização, para que haja o cumprimento da promessa da marca empregadora. Deverá, sobretudo, ter um ingrediente fundamental para toda a organização e agentes envolvidos no trabalho: adaptabilidade. O cenário é incerto, a disputa por talentos é acirrada, e o mundo está em constante evolução. Assim será o trabalho de construção e gestão de marca empregadora.

Hierarquia de marca
Onde EB se encaixa na *big picture* de marca?

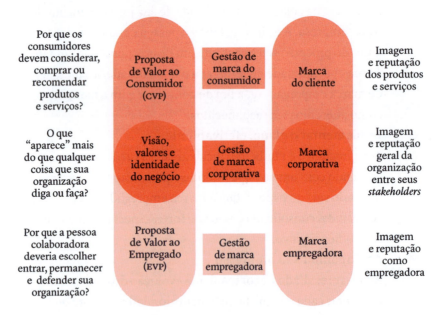

Nesse esquema é possível observar o posicionamento da marca empregadora em relação à integralidade da organização, além da hierarquização de todos os elementos que compõem a sua construção.

Para além da hierarquia de marcas, há um olhar maior sobre a gestão de marca empregadora, ilustrada de forma clara e objetiva no quadro a seguir.

Employer Branding

A marca corporativa e a estratégia do negócio de uma empresa formam um grande guarda-chuva. Debaixo dele podemos encontrar três elementos de gestão:
1. Estratégia de gestão de pessoas e talentos.
2. Estratégia de marca empregadora.
3. Estratégia de marketing.

A "estratégia de marca empregadora" faz parte da intersecção entre a "estratégia de gestão de pessoas e de talentos" e a "estratégia de marketing".

A ilustração coloca a "estratégia de marca empregadora" entre a "estratégia de gestão de pessoas" e a "estratégia de marketing", beneficiando diretamente a "estratégia corporativa e do negócio". Isso porque a EB deve estar alinhada com as três.

A EB precisa suportar os tipos de capacidades dos talentos requeridos para que a organização seja efetivamente competitiva. Necessita, ainda, estar alinhada à forma como a estratégia de gestão de pessoas e a de talentos operam na organização. Precisa igualmente refletir a promessa corporativa, consumidora e as ambições da organização. Idealmente na linha da gestão, a gestão de pessoas e a gestão de marketing deveriam estar em completo alinhamento, mas vivemos em um mundo imperfeito. Por essa razão, a estratégia de EB é requisitada a ter um papel conciliador entre esses diferentes grupos de interlocutores, a fim de auxiliar na maximização da efetividade e da coerência entre as três áreas.

Confira no gráfico o modelo integrado.

Fonte: Extraído do livro *Employer Brand Management*, de Richard Mosley. Editora Wisley, 2014, p. 49.

Passo 6: Envolver e capacitar a liderança – o tempo todo!

Uma boa liderança ajuda a encorajar as equipes para que estejam engajadas, motivadas e alcancem os objetivos estabelecidos pela empresa, endereçando as suas questões de desenvolvimento. O papel da Employer Branding será, em essência, o mesmo! Isso porque o trabalho até aqui só será viabilizado se a liderança estiver na mesma página sobre a importância da construção e gestão de marca empregadora. Do contrário, esse será só mais um projeto bacana que será engavetado. Esse não é o objetivo, correto?

Há duas razões pelas quais a liderança não se engaja com uma estratégia de Employer Branding:

1. Ela não entendeu os ganhos que o trabalho consistente de marca empregadora pode gerar para a organização e para as pessoas.
2. Ela desconhece o trabalho que está sendo realizado, ou seja, há uma lacuna de comunicação sobre o que vem sendo concretizado nessa frente.

Em qualquer dos cenários, a solução está na premissa fundamental da informação. Os processos de transmissão da informação devem ser facilitados, preferencialmente por uma consultoria, a fim de garantir imparcialidade e de eliminar vieses inconscientes no grupo.

Esse processo poderá obedecer a esta recomendação sequencial:

1. **Sessão de sensibilização**

   Encontro com o objetivo de apresentar os resultados do diagnóstico EVP, considerando:
   - Extrato das entrevistas em profundidade e/ou grupos focais.
   - Resultados das pesquisas interna e externa.
   - Análise cruzada dos elementos mapeados e pontos convergentes e divergentes na percepção sobre a marca empregadora e sobre os atributos essenciais de valor percebidos.
   - Impactos da reputação de marca empregadora para a organização (positivos e negativos).

2. **Sessão de aterrissagem**

   Apresentação do caminho escolhido para o trabalho de construção e gestão de marca empregadora, contendo:
   - Identidade de marca empregadora.
   - Personas.
   - Identidade visual, verbal e sonora – tom de voz.
   - Mote do posicionamento.
   - Atributos essenciais de valor percebidos que serão usados como direcionadores do posicionamento da marca empregadora. Exemplo, a consultoria Cia de Talentos usa "Educação para carreira"; "Transformamos sonhos de carreira em realidade" etc.
   - Plano de ativação de marca empregadora.

3. **Sessões de acompanhamento**

   Para monitorar o andamento do trabalho (tanto da equipe multidisciplinar que dará suporte ao "cascateamento" da marca como o envolvimento e entendimento da liderança sobre o tema) deverão ser realizados encontros periódicos com o objetivo de avaliar os resultados parciais, tratar de eventuais impasses e entraves e alinhar os passos futuros.

A ideia é fazer com que a equipe multidisciplinar apoie o andamento das atividades e contribua com formas de viabilizar a consolidação da marca empregadora, entre todos os pontos de contato e níveis da organização, tanto interna quanto externamente. Uma sugestão inicial é o acompanhamento bimestral ou trimestral, a depender da quantidade de indivíduos envolvidos.

Para suportar o trabalho da liderança e pessoas multiplicadoras de EB na organização, precisamos pensar também em engajamento, tema explicado no próximo passo.

Passo 7: Construir engajamento e *Advocacy* da marca empregadora

Vamos pensar em engajamento como a relação entre uma marca empregadora e suas pessoas colaboradoras ou pessoas em potencial para entrar na organização. A boa experiência entre essas personagens deve ser traduzida em interações naturais, que sejam reconhecidas até se tornarem espontâneas.

Uma tendência atual de comunicação e marketing é a *Employee Advocacy*, estratégia que transforma uma pessoa colaboradora em influenciadora. Ela precisa ser comprovadamente ativa em diferentes canais digitais, especialmente redes sociais, e se utilizar desses pontos de contato para compartilhar exemplos de experiências positivas com a marca empregadora, suas boas práticas de gestão, reconhecimentos à liderança e à cultura etc.

Atualmente, o canal em que ocorre maior incidência dessa prática é o LinkedIn. Nessa rede social profissional, observamos pessoas colaboradoras compartilhando diferentes marcos ou rituais e gerando engajamento orgânico, ou seja, sem qualquer investimento, mas com quantidade considerável de reações, comentários e compartilhamentos. Nessas publicações espontâneas, encontramos: conquistas e reconhecimentos, iniciativas internas e/ou sociais, projetos inovadores em que a pessoa colaboradora contribuiu, reconhecimento à liderança e/ou cultura – e não para por aí.

Segundo o Edelman Trust Barometer, já mencionado neste livro, constatamos que as pessoas com as quais trabalhamos representam um interlocutor confiável. De acordo com o estudo realizado pela IC Kollectif em 2017,[9] os colaboradores dão mais valor a conversas com pessoas "como eles mesmos" do que com a liderança. Portanto, mesmo que a porcentagem de influenciadores em uma organização seja pequena, ela nunca deve ser subestimada, até porque, cada vez mais, as pessoas se pautam nas referências de sua rede, indivíduos em quem confiam e com os quais validam suas tomadas de decisão. Além disso, cerca de 3% do quadro de colaboradores se enquadra nessa categoria e pode ajudar a atingir até 85% do total de funcionários.

Encontrar essas pessoas influenciadoras envolve a observação entre os grupos nos canais da empresa, o uso da rede social profissional e pelo engajamento alcançado. E mais: para facilitar esse mapeamento, a equipe multidisciplinar responsável pelo trabalho de marca empregadora pode observar no grupo quem são as pessoas com alto índice de engajamento e convidá-las a participar de iniciativas distintas da organização, sem levar em consideração áreas ou níveis de senioridade. Elas devem contar com uma rede de contatos ampla e representar um bom match com a cultura da empresa. Não basta, portanto, mostrar um bom desempenho: é preciso ter disponibilidade para contribuir com todos e alcançar uma comunicação alinhada à organização.

Um programa de pessoas embaixadoras ou influenciadoras na empresa, com política de incentivo e reconhecimento definida,

---

9   IC Kollectif. *Disrupting the Function of IC*. Canada, 2017. Disponível em: https://www.ickollectif.com/_files/ugd/9c88ca_fe619ec3ad4c425f81d98fce158a2c45.pdf.

pode promover um excelente resultado a partir desse mapeamento. Nesse tipo de programa, é realizado um desdobramento do plano de ativação de marca empregadora, no qual as pessoas colaboradoras poderão propor ideias e projetos convergentes com a estratégia de posicionamento e o calendário proposto, a fim de voluntariamente promover capilaridade, especialmente por meio de sua representação nos canais e/ou pontos de contato em que estiverem presentes.

Passo 8: Evolução da estratégia

Este passo é uma recomendação para acompanhamento e evolução da estratégia. É determinante para entender se o desenho idealizado e o plano inicialmente implementado caminham dentro do previsto. Nesta etapa é igualmente recomendável avaliar eventuais necessidades de ajustes de rota, uma vez que a estratégia de posicionamento de marca empregadora deve acompanhar as transformações do negócio.

Tendo uma equipe multidisciplinar conduzindo esse escopo e a liderança engajada, a frequência do monitoramento e a apresentação de resultados irá depender da complexidade e abrangência do plano × recursos necessários e de fato alocados × capacidade de execução × prazos propostos. É recomendável olhar pelo menos mensalmente para o quadro previsto × realizado das ações, com as pessoas responsáveis pelas entregas.

Em um cenário ideal, a cada trimestre é possível fazer uma análise comparativa na linha do tempo e entender ações com melhor performance. O trilema do profissional de Employer Branding ou de *Employee Experience* envolve:

→ **Impacto**
   Que tipo de repercussão a iniciativa pode causar dentro e fora da organização?

→ **Alcance**
   Que parcela da minha equipe será atingida ou beneficiada pela iniciativa?

→ **Resultado**
Quais os potenciais ganhos compartilhados ao se adotar a iniciativa?

Ações que apresentarem saldo positivo no trilema serão aquelas com chances de vingar e ter bom desempenho. Se a análise for composta com dados quantitativos que contribuam com essa leitura, tanto melhor.

No Passo 3 falamos sobre a definição de objetivos estratégicos, indicadores e metas, mas nesse passo do acompanhamento cabe uma ressalva: observe constantemente se sua meta é SMART.[10] Em inglês, essa sigla pode ser traduzida da seguinte forma: S = específica; M = mensurável; A = atingível; R = relevante e T = temporal. Sem essas premissas, o trabalho ganha maior complexidade, além de correr o risco de não evoluir.

Para nos assegurar que chegamos ao desenho da estratégia de gestão de marca empregadora, é necessário saber responder:

→ Qual é o desafio da marca empregadora?
→ Qual o raio X atual dela?
→ Quais são os nossos objetivos relacionados à marca empregadora?
→ Qual o posicionamento da nossa EVP (*Employee Value Proposition*)?
→ Como vamos nos comunicar?

---

10 A origem de SMART vem de um artigo publicado em 1991 ("There's a S.M.A.R.T. Way to Write Management's Goals and Objectives") pelo então executivo da Washington Water Power (atual Avista Corporation, empresa de receita superior a 1 bilhão de dólares que gera e transmite energia elétrica e distribui gás natural), George Doran. Fonte: Bob Kane, There's a S.M.A.R.T. Way To Write Management's Goals and Objectives – George T. Doran – *Management review* (1981), *Scribd*, [s.d.]. Disponível em: https://pt.scribd.com/document/458234239/There-s-a-S-M-A-R-T-way-to-write-management-s-goals-and-objectives-George-T-Doran-Management-Review-1981-pdf.

→ Quais serão as pessoas influenciadoras que vão apoiar esse processo?

→ Como vamos comprovar que tudo isso é real/de verdade?

Por fim, o volume de esforço dedicado a esse trabalho vai determinar todo o potencial das atividades relacionadas à gestão de marca empregadora. Devemos lembrar, ainda, que diversidade e inclusão formam uma temática diretamente conectada à Employer Branding. Afinal, ambas revelam aspectos fundamentais da cultura organizacional de uma empresa, assim como podem gerar resultados para os negócios. Vejamos algumas evidências disso.

Acreditamos que o apoio à diversidade por parte de marcas e empresas, em pautas como a luta contra o racismo, a defesa do respeito às mulheres, o combate à homofobia e a transfobia, o direito das pessoas com diversidade funcional e o apoio para inclusão de pessoas maduras no mercado de trabalho, se enquadram no rol de temas urgentes e necessários. Para 74% dos brasileiros, o apoio deveria ser um papel das empresas, de acordo com pesquisa realizada pelo Instituto Locomotiva.

Observando as chances de as pessoas se engajarem nas marcas ou empresas que se posicionam publicamente a favor de diferentes causas, verificamos o seguinte cenário, embasado em pesquisas.

Em todas as pautas testadas, o saldo de pessoas atraídas e afastadas é amplamente positivo

Porcentagem de chances de comprar em marca ou empresa que se posicione publicamente a favor das pautas...

	Apoio aumenta a chance de comprar[1]	Apoio diminui a chance de comprar[2]	Saldo
Direito das pessoas com deficiência	85%	2%	+83

Inclusão dos mais velhos no mercado de trabalho	82%	3%	+79
Luta contra o racismo	81%	3%	+78
Direito das mulheres	80%	4%	+76
Luta contra a homofobia	66%	6%	+60

G5 Se uma marca ou empresa se posicionar publicamente a favor das pautas abaixo, isso aumenta ou diminui a chance de você comprar nela? (RU POR LINHA).
* Repercentualizado por quem respondeu.
1 Aumenta muito + Aumenta um pouco.
2 Diminui muito + Diminui um pouco.

Fonte: A falta de inclusão e os riscos para organizações – pesquisa realizada pelo Instituto Locomotiva.

→ Oito entre dez pessoas acreditam que as empresas se apropriam do combate ao preconceito para fazer propaganda, mas não implementam ações concretas para mudanças.[11]

→ Empresas com investimentos em diversidade de gênero têm probabilidade de performance financeira 21% maior do que aquelas que não os realizam.[12]

→ Há um aumento de 33% no lucro das instituições quando elas promovem a diversidade racial.[13]

---

11 A diversidade como alavanca de performance – estudo da McKinsey. Disponível em: https://www.mckinsey.com/capabilities/people-and-organizational-performance/our-insights/delivering-through-diversity/pt-BR.
12 Ibid.
13 Ibid.

→ A redução das desigualdades de gênero poderia adicionar 12 trilhões de dólares à economia global até 2025.[14]

Para o sucesso dessa implementação, portanto, é determinante que a organização elimine qualquer viés metodológico. Desse modo, o processo mapeia e endereça questões relevantes para a sustentação da estratégia e posicionamento do negócio. Por ser um processo exclusivo, fica impossibilitada a reutilização de modelos preexistentes ou práticas utilizadas por outras organizações. Em outras palavras, o que funciona para um negócio inviabiliza a consolidação da marca empregadora de outra organização, mas pode ser usado como inspiração para ações próprias e originais.

---

14 Relatório The Future of Women at Work – McKinsey. Disponível em: https://www.mckinsey.com/~/media/mckinsey/featured%20insights/gender%20equality/the%20future%20of%20women%20at%20work%20transitions%20in%20the%20age%20of%20automation/mgi-the-future-of-women-at-work-exec-summary-july-2019.pdf.

7
Níveis de proficiência organizacional em EB

Todos os processos de uma empresa podem ser considerados desenvolvidos ou iniciais, a depender do gerenciamento e estrutura de seus projetos. Também em relação à marca empregadora, esse nível pode ser avaliado em uma Escala de Proficiência em Employer Branding. Aqui, apresentamos uma proposta livremente inspirada no trabalho de Brett Minchington, autor mais publicado no mundo em marca empregadora e com reconhecimento internacional. Para Minchington, a organização deve fazer uma autorreflexão genuína e sem julgamentos para entender, com clareza, em que momento se enquadra sua disposição e maturidade para o trabalho de marca empregadora.

Na proposta de avaliação a seguir, a empresa poderá se reconhecer em um dos níveis propostos ou entre dois níveis distintos, a depender de sua realidade e contexto organizacional.

Nível 5: Observador
Neste nível, a organização ainda tem uma postura passiva em relação à marca empregadora.

Nível 4: Iniciante
No nível iniciante, a organização já entende a importância do tema, mas ainda precisa estruturar o trabalho a ser feito e eleger

os parceiros internos que irão viabilizar a execução de seu trabalho como marca empregadora.

Nível 3: Executor

A organização executora já adotou ferramentas para entender seu cenário atual de percepção sobre a experiência dos empregados, sua proposta de valor e expectativas de talentos em potencial. Com isso, desenhou uma estratégia de marca empregadora e tem um caminho a seguir.

Nível 2: Consciente

No nível consciente, a organização possui diferentes níveis de liderança, contribuindo com o trabalho de marca empregadora. Organizou seus processos para viabilizar a boa percepção de marca, e se posicionou melhor a partir de pontos de contato relevantes para a comunicação de sua marca empregadora.

Nível 1: Orgânico

No nível orgânico, o trabalho de marca empregadora segue o *flow* (curso natural) da organização. É estabelecido, de forma consciente ou não, um corpo de embaixadores que comunicam a marca empregadora para dentro e para fora da empresa, pois a experiência é positiva, relevante e consistente em todos os níveis e lugares nos quais a cultura se estabeleceu.

Nível 5 Observação	Nível 4 Iniciante	Nível 3 Executor	Nível 2 Consciente	Nível 1 Orgânico
Contratações focadas em *hard skills*, desconectadas do futuro do negócio.	Organização com visão apartada pelos departamentos e pouca ou nenhuma colaboração para o trabalho de EB.	Ferramentas de escuta interna e externa para definição da EVP.	Marca empregadora, EVP e cultura organizacional, alinhados e integrados.	Gestão de marca empregadora é ferramenta para transformação do negócio.
Controle dos custos é o maior foco na contratação.	EVP tem foco em atributos concretos (desconsiderando a cultura e seus aspectos intangíveis).	Estratégia de marca empregadora desenvolvida.	Alta liderança engajada com a estratégia de marca empregadora.	Área focada em Employer Branding com representantes locais.
Seleção desestruturada, operacional e não funcional.	EB é entendido apenas como atração e seleção.	Ativos de marca (guia, identidade, tom de voz, peças) excelentes e promovidos, dentro e fora da organização.	Sinergia entre as políticas, processos e sistemas com o EVP.	Suporte entre diferentes contextos (localidades, países) no desenvolvimento de uma cultura inclusiva e singular.
Site de carreira inexistente ou 1.0, sem interatividade com a potencial pessoa colaboradora.	Conhecimento do tema focado em poucas pessoas.	Sensibilização e treinamento constante da liderança sobre a gestão de marca empregadora.	Desenvolvimento e gestão de um site de carreira único.	Portas abertas para a comunicação entre as regiões.
	Liderança não se envolve e não promove a estratégia de EB.	Há colaboração entre as áreas para a estratégia de EB.	Métricas e indicadores desenvolvidos e monitorados continuamente.	Integração do sistema e tecnologias para suportar a estratégia global de atração, seleção, engajamento e retenção de talentos.
			Marca empregadora em todo o ciclo de vida do colaborador.	

Fonte: Employer branding without borders: a pathway to corporate success. *Brett Minchington*, [s. d.]. Disponível em: https://www.brettminchington.com/single-post/2011/08/05/employer-branding-without-borders-a-pathway-to-corporate-success. Tradução livre.

8
Hora do teste: como medir o nível de proficiência da empresa em EB

Um exercício prático para avaliação da senioridade da empresa em Employer Branding pode ser a realização de testes periódicos. A seguir, apresentamos uma proposta inspirada no trabalho "Caminho de excelência de marca empregadora", do especialista Brett Minchington, adaptada livremente pelas autoras.

Marque 1 se concordar com a afirmativa e 0 se discordar.

Grau A

( ) Existe uma crença de que Employer Branding significa atratividade.
( ) A organização controla os custos da contratação antes de estabelecer os critérios que definirão sua qualidade.
( ) Para os processos de seleção, os perfis buscados são definidos com base em pré-requisitos técnicos.
( ) O principal canal para abordar a carreira na organização não existe ou consiste em um site 1.0. Ou seja, ele é estático, sem interatividade com pessoas usuárias, com foco em conteúdo e não na experiência da pessoa usuária.
( ) As áreas de recrutamento, seleção e toda a sua operação são pouco funcionais, operacionais e desorganizadas. Faltam processos e políticas definidas.
( ) Falta uma estratégia global ou coordenada de atração, engajamento em geral e engajamento de talentos.

Total de pontos: _____

Grau B

( ) A Proposta de Valor à Pessoa Empregada (EVP = *Employee Value Proposition*) tem como base atributos concretos, como salário e benefícios, desconsiderando valores, cultura e atributos intangíveis (clima, cooperação, desenvolvimento, crescimento) ou ainda não foi desenhada.

( ) Empresa organizada por departamentos apartados, interface reativa entre áreas para o trabalho de marca empregadora, ou seja, a empresa tem um mindset (mentalidade) de silos.

( ) "Marca empregadora" é um tema conhecido por poucos profissionais dentro da empresa.

( ) Existe uma crença de que a empresa presente nas redes sociais, e que divulga suas vagas em canais digitais, já tem uma marca empregadora conhecida.

( ) A liderança não apoia, endossa ou contribui com a estratégia de marca empregadora.

( ) Apenas as áreas de Recrutamento & Seleção são consideradas oportunidades para o trabalho da marca empregadora na empresa.

Total de pontos: _____

Grau C

( ) A marca empregadora já tem um guia de uso, identidade (visual, verbal, sonora), tom de voz e mote definidos, bem como peças que são empregadas dentro e fora da organização. Ou seja, comunicação interna e externa são desenvolvidas a partir desses insumos.

( ) A *Employee Value Proposition* tem como insumos para sua definição ferramentas de escuta, tais como pesquisa interna e externa, entrevistas em profundidade,[15] grupos focais.[16]

---

15 Entrevistas em profundidade são uma técnica de pesquisa qualitativa, constituídas de um roteiro de perguntas abertas (para que a audiência possa manifestar >

( ) As áreas têm sinergia e colaboração para implementar a estratégia de Employer Branding.
( ) Independentemente da profundidade, há uma estratégia de marca empregadora desenvolvida.
( ) A estratégia é reforçada e retroalimentada com treinamento/sensibilização constante da liderança sobre gestão de marca empregadora.

Total de pontos: _____

Grau D

( ) Há alinhamento integral entre cultura organizacional + *Employee Value Proposition* + experiência da pessoa colaboradora + gestão de marca empregadora.
( ) A EVP considera as práticas, processos, sistemas e políticas adotados pela organização.
( ) A estratégia de marca empregadora está difundida e validada entre todas as pessoas, desde a alta liderança.
( ) Os indicadores de sucesso em Employer Branding não só estão definidos como são mensurados periodicamente.
( ) Há um site exclusivo para carreiras, desenvolvido e implementado.

› livremente suas percepções e opiniões sobre o objeto estudado), que podem ser aplicadas individual ou coletivamente. É importante que a pessoa entrevistadora seja imparcial em relação ao estudo, e experiente, a fim de extrair as informações necessárias para apoiar e pautar o diagnóstico. A conversa deve seguir um tom mais informal, como um bate-papo, para não inibir as pessoas respondentes.
16 Grupos focais também são uma técnica de pesquisa *quali*, utilizada para extrair informações em profundidade. Nesse formato, ela sempre é aplicada em grupos de 10 a 12 pessoas nos quais, além de obter informações em profundidade, também é possível observar suas dinâmicas e interações em relação ao objeto do estudo. No caso da construção e gestão de marca empregadora, os grupos idealmente devem ter as mesmas características das personas que iremos mapear ao longo do "passo a passo de EB", descrito no capítulo 6.

( ) Em todos os momentos da experiência da pessoa colaboradora, temos pontos de contato[17] de marca empregadora.

Total de pontos: _____

Grau E
( ) Política de "portas abertas" para a comunicação sobre Employer Branding, entre áreas e níveis.
( ) Cultura de diversidade e inclusão (estabelecida e incentivada) entre países e/ou áreas de negócio e/ou áreas de trabalho.
( ) Naturalmente, as pessoas colaboradoras se tornam embaixadoras ou influenciadoras da marca empregadora, em suas interfaces e conexões.
( ) Há sinergia e integração entre sistemas e tecnologias para suportar toda a estratégia de marca empregadora (atração, seleção, engajamento, desenvolvimento etc.).
( ) Área ou *squad* (equipe multidisciplinar) dedicada à Employer Branding com porta-vozes e/ou embaixadores.
( ) A transformação do negócio é impulsionada pela gestão de marca empregadora.

Total de pontos: _____

Resultados
Para conhecer o grau de proficiência organizacional em EB, some separadamente a quantidade de respostas nos itens A, B, C, D e E e confira o gabarito a seguir:

→ **Maioria A: Observador**
A organização ainda não compreendeu o alcance da contribuição da gestão de marca empregadora para o negócio. Essa tarefa permanece focada em processos e não prevê

---

17 Ponto de contato: qualquer momento em que a pessoa colaboradora tem contato com sua marca, antes de sua entrada ou saída da empresa.

otimização e agilidade. Não há consenso sobre o tipo de talento de que o negócio precisa para se manter relevante. Um passo inicial nesse trabalho é resgatar a cultura e a maneira como a empresa quer ser reconhecida, entender o que significa valor para os colaboradores ao longo de sua experiência na empresa e reforçar a marca com base nessa premissa. O entendimento do tipo de talento que levará a organização a se manter relevante em seu mercado é crucial para o direcionamento dos esforços na atração, seleção e retenção de quem ela precisa.

→ **Maioria B: Iniciante**
Já existe consciência sobre a importância do reflexo da cultura na experiência do colaborador. A empresa deve buscar a estruturação de um modelo convergente com sua realidade, tendo a colaboração da liderança nesse desenho. A partir desse processo, o trabalho poderá gerar pauta a ser compartilhada entre as áreas, e a marca será disseminada com maior frequência e originalidade. Aqui é necessário evoluir em direção a um modelo que reúna diferentes disciplinas para um trabalho consistente de EB. Marketing, comunicação e gestão de pessoas devem atuar juntos para a ativação da marca.

→ **Maioria C: Executor**
As áreas de comunicação e marketing e gestão de pessoas desenvolveram colaboração entre si no trabalho de marca empregadora, e passaram a criar produtos para promovê-la conjuntamente. Nesse nível de maturidade, existe um plano que pauta o trabalho realizado em EB, dentro e fora da empresa. É preciso vincular esse trabalho com o posicionamento de marca institucional e corporativa, ativando-a em um canal que impulsione a audiência adequada para abastecer as necessidades do negócio. Usar a força da qualidade de seus produtos e serviços ou a força das marcas também pode aumentar a robustez desse trabalho.

→ **Maioria D: Consciente**
A cultura é refletida na proposta de valor à pessoa empregada, vivenciada na experiência da pessoa colaboradora e desdobrada em alinhamento. A organização conseguiu estabelecer seus indicadores de sucesso em EB e passou a monitorá-los periodicamente, com vistas ao crescimento. Existe um canal principal com foco em carreiras, que alimenta tanto o público interno como o externo nas iniciativas da empresa para aquisição de talentos. A liderança promove e incentiva um trabalho de engajamento, próximo e constante em EB. Nesse estágio, a empresa sabe como quer ser reconhecida por seus potenciais talentos e demais públicos estratégicos. Para avançar, pode estabelecer premissas que ilustrem seu desempenho no trabalho de marca empregadora.

→ **Maioria E: Orgânico**
Há uma marca empregadora estabelecida, pautada por uma cultura forte e que é reforçada, interna e externamente, entre todos os níveis e áreas da empresa. A organização dispõe de representantes, incentivados ou não, no trabalho de promoção da marca empregadora. Existe uma consciência coletiva do impacto da reputação da marca nos resultados do negócio. Para seguir avançando, a organização deve rever esse trabalho na mesma velocidade que o negócio promove transformações em seu posicionamento, governança e mercados nos quais está inserido. Só assim haverá consistência e relevância na (re)construção e consolidação da marca empregadora.

9
Employee Experience: um resgate da experiência da pessoa colaboradora

Soma das experiências que um empregado tem ao longo de seu relacionamento com um empregador.
Fred Lacerda, fundador da Pin People

A experiência da pessoa colaboradora é a evidência da proposta de valor de uma organização à sua gente, bem como a entrega da promessa de sua marca empregadora. E, claro, tudo isso se constrói a partir da cultura organizacional.

No contexto da Quarta Revolução Industrial, vemos a inteligência, entre outros fatores, claramente transformando a experiência dos consumidores. A internet rompeu barreiras em diversos sentidos: na forma como nos comunicamos, na maneira como nos mantemos atualizados e como são estabelecidas nossas relações de trabalho. Isso por uma só razão: tudo (ou quase tudo) está na palma de nossa mão ou na tela à nossa frente.

"Em nenhum momento da História estivemos tão imersos em um sistema de comunicação que configura nossos pensamentos, nossas mentes, nossas decisões", afirma o sociólogo espanhol Manuel Castells, autor de *A sociedade em rede*,[18] professor universitário e ministro de Universidades do governo da Espanha desde 2020.

Em diversas fontes, vemos que a expressão VUCA, acrônimo das palavras inglesas *volatility*/volátil, *uncertainty*/incerto, *complexity*/complexo, *ambiguity*/ambíguo, não representa mais o momento mundial que estamos vivenciando.

---

18   CASTELLS, Manuel. *A sociedade em rede*. Tradução de Roneide Venancio Majer. 2 vol. São Paulo: Paz e Terra, 2013.

Estamos no mundo BANI (*brittle*/frágil, *anxious*/ansioso, *non--linear*/não linear) *incomprehensible*/incompreensível, sigla em inglês que define a dinâmica mundial atual. Pensando em *Employee Experience*, o quanto antes entendermos essas mudanças, melhor será nosso trabalho para oferecer experiências relevantes para quem tanto precisamos manter nas organizações.

Pensar BANI ajuda a contextualizar melhor a situação atual, a facilitar novas perspectivas e a ilustrar as conexões ocasionais e o estado emocional de profissionais.

Temos na atualidade um novo perfil de pessoas consumidoras: mais conectado, engajado, disponível para interagir com as marcas e presente em diferentes canais, simultaneamente. Torna-se, portanto, imprescindível repensar a nossa forma de resolver desafios. Não é à toa que, no cenário do grande mercado, assistimos à queda de marcas como Blockbuster e Atari e testemunhamos o nascimento do Vale do Silício, na Califórnia, Estados Unidos. Com esse movimento, entraram em cena novos personagens, negócios nativos digitais como Airbnb e Spotify. Quanta demanda por inovação passou a fazer parte da nossa rotina, não é?

Esse "mundo x", o mundo da experiência, é muito mais interessante, porque, no lugar de deduzir sobre as necessidades dos seres humanos, passamos a investigá-los e a entendê-los em profundidade, o que torna nosso trabalho muito mais assertivo. E o que tudo isso tem ver com a experiência da pessoa empregada? Um simples ponto: a experiência de consumidores e consumidoras se concretiza por meio do trabalho da pessoa colaboradora. A satisfação de ambas as partes, portanto, está diretamente relacionada. A verdade é que as experiências provocam atitudes, por sua vez transformadas em comportamentos, que levam aos resultados. Sejam eles bons ou ruins.

Praticamente não conseguimos mais dizer onde uma experiência termina e outra começa. Até mesmo para atrair talentos é necessário garantir que o negócio seja relevante e fazer boas entregas às pessoas consumidoras, pois isso poderá interferir na escolha profissional de quem a empresa necessita atrair. É uma espécie de curva forçada de coerência, uma vez que as pessoas estão nas redes e quase toda a informação disponível também lá se encontra. Profissionais-clientes: é com essa audiência-alvo que estamos lidando.

Uma pesquisa liderada pelo Massachusetts Institute of Technology (MIT) mostra que organizações que aplicam apropriadamente ex podem dobrar a qualidade em *Customer Experience* e inovação, além de otimizar em 25% seus lucros, em detrimento daquelas empresas que não aplicam esse modelo de atualização de bem-estar.[19]

Segundo o Panorama da Experiência do Colaborador 2020, da Pin People,[20] 96% dos profissionais se sentiram bem acolhidos na primeira semana de trabalho. No entanto, 46% indicaram a presença de algum incômodo que os faria deixar a empresa.

O desenho de uma boa experiência da pessoa empregada pode dispor de ferramentas como o *Design Thinking*[21] para a esquematização do trabalho. É preciso investigar a audiência-alvo, trabalhar em desafios específicos, pensar em soluções viáveis e que enderecem as suas dores. Em seguida, e de maneira muito reduzida (porque esse é assunto para outro livro), citamos as etapas desse processo e como elas podem ser utilizadas no trabalho de ex:

---

19   *Workplace Experience* MIT 2020.
20   Pin People. *Panorama da Experiência do Colaborador 2020 – Relatório Anual*. Disponível em: https://conteudos.pinpeople.com.br/panorama-da-experiencia-do-colaborador-2020.
21   *Design Thinking* é uma metodologia de desenvolvimento de produtos e serviços focados nas necessidades, desejos e limitações dos usuários. Seu grande objetivo é converter dificuldades e limitações em benefícios para o cliente e valor de negócio para a sua empresa. Fonte: ARRUDAS, Mariana. *O que significa Design Thinking?* AUSPIN – Agência USP de Inovação, 5 mar. 2020. Disponível em: http://www.inovacao.usp.br/o-que-significa-design-thinking.

- → **Imersão**
  Escute a audiência. Pode ser por intermédio de entrevistas ou conversas informais.
- → **Análise**
  Registre suas descobertas e agregue a elas os dados disponíveis sobre a audiência e as personas, transformando esse material em "inteligência".
- → **Ideação**
  Promova um *brainstorm* com a equipe de trabalho para potencializar e gerar muitas ideias.
- → **Prototipagem**
  Usando o trilema de que falamos no capítulo 6, escolha a ideia a ser desenhada.
- → **Implementação**
  Faça um plano prevendo escopo, tempo e custo envolvidos no processo e o implemente.

O trabalho de quem promove a experiência da pessoa colaboradora deve constantemente considerar:
- → A cultura organizacional como ponto de partida.
- → A proposta de valor à pessoa colaboradora como evidência.
- → A marca empregadora como a "tradução" de tudo isso.
- → A experiência da pessoa empregada, como a vivência oferecida aos seus colegas e que atravessa os pontos anteriores.

10
Estudos de experiência da pessoa colaboradora

Nos capítulos anteriores, vimos que a *Employee Experience* representa a soma das experiências de uma pessoa colaboradora ao longo de sua jornada com a organização, desde o primeiro contato com o indivíduo (com potencial para ingresso) até o seu desligamento da empresa. É fundamental para o sucesso de qualquer negócio ter uma visão exata dos pontos fortes e oportunidades de melhoria como marca empregadora durante esse processo, a fim de desenvolver uma melhor experiência da pessoa candidata.

Planejar a jornada da pessoa colaboradora, antes mesmo de iniciar um processo de contratação, é uma das principais recomendações para a construção de uma marca empregadora robusta, especialmente no contexto atual, em que se verifica uma baixa qualificação em diversas áreas de formação.

De acordo com dados da Great Place to Work (GPTW), consultoria global que apoia organizações na obtenção de melhores resultados, 68% das empresas têm dificuldade para preencher vagas em aberto, e o *turnover* está 48% maior do que antes da pandemia de covid-19. Em outras palavras, o mercado, que já estava superaquecido, durante a pandemia cresceu em proporção muito maior do que a quantidade de profissionais formados disponíveis. O déficit de especialistas na área de TI, por exemplo, pode chegar a 260 mil postos de trabalho em 2024, no Brasil.

Dentro do cenário apresentado, cuidar da marca empregadora é crucial para conseguir disputar, com vantagem, a contratação dos melhores talentos e manter engajadas as equipes na organização. Também devemos ressaltar a importância de atrair pessoas dos pilares de diversidade e de promover um ambiente de inclusão.

Ainda que desafiador, o momento se apresenta como uma oportunidade para aprofundar e mapear os canais de atração e construir um processo focado (tanto nos profissionais como em um pacote de benefícios e atributos reais de marca empregadora que "conversem" com os objetivos e a essência da corporação).

Em relação ao foco de recrutamento de pessoas diversas, inicialmente pautado nas temáticas feminina e étnico-racial, os desafios aumentam para a pauta de pessoas com diversidade funcional (PCD), LGBTQIAP+ e 50+. Segundo a pesquisa da consultoria GPTW, a principal barreira ainda é a falta de engajamento da liderança e de processos de recrutamento e seleção inclusivos. Além disso, os desafios e a importância de se construir uma boa *candidate experience*, de forma remota, continuam. É preciso manter a audiência engajada no processo, principalmente enquanto espera o retorno da próxima fase, ao mesmo tempo em que é necessário pensar nos 90% dos participantes que receberão uma negativa. É importante mantê-los engajados com a sua marca para uma próxima oportunidade de fazer parte da empresa.

Para melhor exemplificar a prática, apresentamos as pesquisas realizadas pela consultoria Cia de Talentos, sob a solicitação de duas grandes corporações de áreas distintas. A primeira do setor de mineração (companhia A), e a segunda do setor farmacêutico (companhia B).

Primeiro caso: companhia A

O estudo realizado considerou os talentos em potencial e os candidatos que evoluíram no processo de estágio da companhia A. Foram coletadas 11.771 respostas no período de julho de 2021 a fevereiro de 2022. Os conteúdos aqui compartilhados são uma parte do material reportado à companhia A, com alguns dos principais elementos mapeados junto à audiência-alvo, e que devem ser trabalhados para consolidar sua marca empregadora junto à persona elegível ao estágio da empresa.

Nesse amplo cenário, a fim de garantir uma experiência positiva, foi necessário mapear os pontos de contato da pessoa candidata durante sua jornada no processo seletivo. São eles:

1. **Atração e comunicação**

   Constatou-se que a maioria das pessoas procura consultorias e sites de vagas em sua busca por estágio, por apresentarem variedade de oportunidades. Alguns indivíduos, mais engajados, buscaram diretamente pela companhia A. Uma grande parte se inscreveu nas vagas por meio de consultorias e se informou nos canais da empresa para tomar a decisão. A indicação de terceiros é uma ferramenta importante, seja por parte da consultoria ou de alguém de confiança. Outros canais de captação foram redes sociais, site, e-mail, amigos, conhecidos, professores etc.

   → **Oportunidade**

   Para as pessoas engajadas com os canais da companhia A, implementar um canal focado em carreiras, com conteúdo voltado para candidaturas, e aprofundado em sua marca empregadora. A indicação se mostrou um canal forte. Trabalhar a divulgação com colaboradores e comunidade, além do relacionamento com as universidades. Vale observar que criar "redes de carreira" é uma tendência muito utilizada pelas empresas que desejam ter um canal próximo com as pessoas colaboradoras e aquelas com potencial para ingressar na companhia A.

2. **Informações sobre a empresa**

   Entre os respondentes, 99,3% concordam que a companhia A quer construir um futuro melhor para o mundo por meio do aprendizado, das experiências e de comportamentos guiados por seus valores. Ainda, 99,6% disseram entender os valores e o propósito da companhia A.

→ **Oportunidade**

As pessoas candidatas são guiadas pelo propósito da companhia A e valorizam empresas que geram impacto positivo na sociedade. Esse é um grande conteúdo de marca a ser trabalhado, com foco no público de estágio.

3. **Inscrições e avaliações comportamentais on-line**

Os aspectos mais relevantes para a candidatura a uma vaga na companhia A foram:

- Cultura e valores da empresa alinhados aos meus.
- Empresa que gera impacto positivo na sociedade.
- Segmento de atuação da empresa.
- Empresa que oferece oportunidade de desenvolvimento.

→ **Oportunidade**

Ressaltar na comunicação e, ao longo do processo, pílulas de conteúdo sobre as iniciativas da companhia A em prol do meio ambiente e da sociedade, atreladas a sua cultura e valores, se possível usando o ponto de vista dos colaboradores.

4. **Motivo de escolha**

Por estar em início de carreira, a pessoa que se candidata ao estágio busca desenvolvimento e oportunidade de crescer, quesitos decisivos em sua escolha de empresa e programa de estágio.

→ **Outros motivos**

- "A companhia A é o motivo da escolha do meu curso de graduação; é literalmente um sonho."
- "Preocupação com o meio ambiente e com as pessoas que são influenciadas pela empresa."
- "Ainda no primeiro período de minha graduação, um professor elogiou o estágio na companhia A

dizendo ser um dos melhores do país. Desde então, venho acompanhando a empresa."
- "Estar cercado pelos melhores profissionais da área de mineração."

5. **Sobre o modelo híbrido de trabalho**

As pessoas foram questionadas sobre sua preocupação a respeito desse modelo de trabalho.
- Perder a motivação: 23%.
- Não saber gerir meu tempo: 23%.
- Perder o vínculo com as pessoas: 21%.

→ **Oportunidade**

Explorar na comunicação os benefícios do home office e o suporte adequado para a adaptação. A área de atuação deve ser levada em conta. Um profissional de engenharia de minas, por exemplo, poderá sentir falta de ver *in loco* a grandiosidade das plantas.

→ **Experiência nas inscrições**

97% registraram uma experiência positiva.

6. **Principal desafio da companhia A**

Com o tema ESG (*Environmental, Social and Governance*),[22] ficou bastante marcada a importância da sustentabilidade e do meio ambiente. Temos oportunidade de trabalhar os demais temas separadamente, ao longo da campanha de inscrições ou mesmo durante outras fases do processo.

7. **Ações de engajamento**

A fim de garantir uma boa experiência na etapa de inscrições, o time:

---

22 Meio ambiente, social e governança. É assim que se traduz do inglês a sigla ESG. Essas três letras praticamente substituíram a palavra "sustentabilidade" no universo corporativo.

- Enviou materiais com dicas de como conhecer mais a empresa.
- Providenciou o material preparatório para a etapa de avaliação.
- A equipe se dedicou ao agendamento e atendimento das pessoas candidatas.

8. **Desenvolvimento e retorno**
   - Entre as respostas coletadas, 76% acreditam que o processo ajudou em seu desenvolvimento de carreira.
   - 87% participariam novamente do processo.
   - Um dos feedbacks diz o seguinte: "Antes de tudo foi um processo justo. Além disso, foi prático, acessível, inclusivo e, mesmo não passando, o aprendizado e a experiência que o processo proporciona são muito importantes".

9. **Razões de desistência**
   - Tempo demorado de retorno da contratação.
   - Recebi aprovação de outro programa de estágio.
   - Recebi aprovação para um trabalho como empregado.
   - A bolsa-auxílio do programa não é atrativa.
   - A empresa não "conversa" com meus valores/propósito.
   - O negócio/mercado não é atrativo.

   → **Oportunidade**
   Comunicação clara sobre o tempo de contratação e ações de engajamento enquanto o processo não se concretiza. Exemplo: treinamentos, eventos etc.

   → **Desenvolvimento**
   77% acreditam que o processo ajudou em seu desenvolvimento.

10. **CNPS – candidate Net Promoter Score**[23]

O CNPS ou *candidate Net Promoter Score* é um método que permite às organizações medirem o nível de lealdade dos candidatos inscritos em seus processos seletivos, inspirado no *Net Promoter Score* (NPS). O CNPS mede a probabilidade de um candidato recomendar o processo seletivo da organização como uma boa experiência.

As pessoas candidatas responderam à questão: "De 0 a 10, o quanto você recomendaria o processo seletivo da empresa para uma amiga ou um amigo?".

Com base nas respostas, conseguimos identificar os detratores e os promotores:

- **Detratores (0 a 6)**
  Podem influenciar negativamente a satisfação de outros candidatos, a marca empregadora e a experiência do cliente.
- **Neutros (7 a 8)**
  Não estão engajados nem desengajados no processo. É um público de fácil conversão (tanto para se tornar promotor quanto detrator).
- **Promotores (9 a 10)**
  São leais à empresa, influenciando outros candidatos, a marca impositivamente pregadora e a experiência do cliente.

O escore do CNPS é calculado a partir das porcentagens de promotores e detratores, podendo variar de –100 a +100. A fórmula é simples:

---

23   CNPS, adaptado de NPS, um indicador criado por Fred Reichheld (consultor da Bain & Company), em 2003, com a colaboração da Satmetrix. O objetivo era determinar uma pontuação consistente e facilmente interpretável, sujeita à comparação ao longo do tempo, além de medir a satisfação/lealdade dos clientes.

> cNPS = % Promotores – % Detratores

Para definir as zonas de cNPS deste estudo, utilizamos como referência a amostra de pesquisas aplicadas em empresas nacionais, por meio da ferramenta que usamos para a coleta dessas respostas, tendo como audiência-alvo pessoas empregadas. Lembramos que, na experiência de pessoas empregadas, a jornada considerada prevê: atração, seleção, desenvolvimento, performance e crescimento, sucessão, desligamento e retorno.

De acordo com a plataforma utilizada, "as zonas cNPS podem variar entre países, já que algumas culturas são mais críticas ao serem questionadas em relação à probabilidade de recomendar a própria empresa como um bom lugar para trabalhar".

Em nosso estudo, consideramos:
- Zona crítica: abaixo de +10.
- Zona positiva: entre +10 e +50.
- Zona excelente: acima de +50.

Foram feitas pesquisas pulso[24] em todas as etapas do processo seletivo da companhia A, junto às pessoas participantes. Em todas as etapas, a empresa esteve classificada na zona excelente:
- Atração: 93.
- Inscrições e *assessments*: 83.
- Painel de negócios: 88.
- Contratação: 86.

---

24 Pesquisas pulso são instrumentos de medição e feedback momentâneos, ou seja, apresentam uma "fotografia" sobre a maneira como a empresa é percebida pela audiência em questão, seja ela formada por pessoas consumidoras, candidatas ou colaboradoras, no momento da apuração.

Mesmo as pessoas que desistiram, ou foram reprovadas no processo seletivo, avaliaram a companhia A dentro da zona positiva, atribuindo 31 e 21 como pontuação, respectivamente. Esse resultado revela que a experiência oferecida no processo, ao longo de suas etapas, foi positivamente percebida entre a audiência.

→ **Recomendações finais à companhia A após a pesquisa**
Por meio dos aprendizados obtidos, devemos construir um plano de ação que inclua: o mapeamento dos atributos de marca empregadora e de seus principais canais; experiências e aprendizados; impacto do tempo de contratação; comunicação e suporte. Para tanto, deve-se levar em conta as seguintes recomendações:
- Cuidar do engajamento.
- Ampliar os pilares de diversidade.
- Avaliar o Employer Branding interno.
- Mapear a jornada dos demais públicos.
- Criar um plano estratégico para a marca empregadora.
- Elaborar uma estratégia específica para tech.
- Estabelecer relacionamento com universidades.
- Investir em embaixadores internos e externos.

→ **Síntese das oportunidades para a companhia A**
- Diminuição das desistências e aprofundamento na marca empregadora.
- Mais um passo para inclusão: PCD, LGBTQIAP+, 50+, imigrantes e refugiados.
- O EVP é vivo; é preciso entender o quanto os colaboradores se conectam.
- Aprofundar-se nos assuntos de conexão desse público e traçar um plano tático.
- Promover a marca empregadora por intermédio das pessoas.

Segundo caso: companhia B

O objetivo deste estudo foi mapear a percepção de marca empregadora da companhia B entre pessoas colaboradoras e potenciais ao programa de estágio no segmento farmacêutico. Os conteúdos aqui compartilhados são uma parte do material reportado à companhia B, com alguns dos principais elementos mapeados junto à audiência-alvo (atuais estagiárias e estagiários, além de pessoas com potencial para estagiar na organização), que devem ser trabalhados para consolidar a marca empregadora. A seguir, apresentamos os principais achados.

1. **Liderança**

    A relação com o gestor é um fator decisivo na escolha e permanência do jovem em uma empresa.

    Para os entrevistados da companhia B, uma boa liderança é aquela que se comunica de maneira clara, alinha expectativas, fornece feedback e dá autonomia para as pessoas estagiárias.

    A boa liderança é aquela que pensa na equipe como um todo, e que tem disponibilidade para ensinar e desenvolver a quem lidera.

2. **Diversidade**

    Para os respondentes da companhia B, ter ações que favoreçam o pilar de diversidade é importante no momento da escolha da empresa em que irão iniciar sua carreira.

    Nesse sentido, é fundamental que a empresa tenha ações focadas na atração, desenvolvimento e retenção de públicos que recebem menos oportunidades para ingressar no mercado de trabalho.

    Essa é uma preocupação das pessoas candidatas que se enquadram em diversidade, mas também daquelas que não se enquadram nesse perfil.

3. **Desenvolvimento**

    As pessoas potenciais ao estágio e atuais membros do programa da companhia B afirmaram que consideram importante a existência de ações de desenvolvimento no momento do estágio.

Também consideraram relevante a inserção de treinamentos comportamentais e técnicos, pois como se trata, na maior parte dos casos, de primeira experiência profissional, essas ações auxiliam as pessoas candidatas quanto à postura profissional e também quanto às ferramentas essenciais para a execução de suas atividades.

4. **Flexibilidade**

As pessoas potenciais e atuais membros do programa da companhia B afirmaram que gostariam de trabalhar em um ambiente flexível no que tange à carga horária e à vestimenta. Mencionaram a importância de sentir que poderão "ser elas mesmas" e de equilibrar vida pessoal com a profissional.

5. **Colaboração**

As pessoas potenciais e atuais membros do programa da companhia B afirmaram que trabalhar em um ambiente colaborativo é muito importante. O trabalho em equipe é fundamental, e a abertura para trocar informações com outras áreas é essencial para que o desenvolvimento aconteça de forma fluida.

6. **Reconhecimento**

Sentir-se reconhecido ou reconhecida é um fator fundamental para as pessoas potenciais e atuais membros do programa. Isso pode ser conquistado por meio de feedbacks e oportunidades de efetivação na área em que atuaram durante o estágio ou em outras áreas da empresa.

→ **Próximos passos**
- Maior investimento em Employer Branding: criação de uma página de inscrições mais atrativa.
- Informar na página de inscrições sobre o Programa de Desenvolvimento do Estágio: comunicação mais próxima entre funcionários

- da empresa e potenciais candidatos (ações em universidades).
- Consistência no Programa de Embaixadores com os atuais estagiários da empresa e envolvimento de líderes em ações com as universidades.
- Contato mais próximo com as lideranças, a fim de alinhar as premissas do programa (projeto de estágio e principais responsabilidades).
- Mapear toda a jornada da pessoa colaboradora; coletar insumos para trabalhar a reputação em comunicação interna e a percepção da audiência externa da marca empregadora.

→ **Oportunidades**

O que a companhia B necessita trabalhar em sua marca empregadora?

- **Histórias reais**
  Trazer os atuais ou antigos ocupantes das vagas de estágio como porta-vozes da campanha.
- **De jovem para jovem**
  Incluir depoimentos de ocupantes das vagas de estágio (atuais ou antigos) que abordem os pontos fortes das marcas levantados – aprendizado, desenvolvimento, colaboração e liderança.
- **Meu negócio e propósito**
  Os jovens se conectam com empresas cujo propósito é melhorar a sociedade. Precisamos trazer mais informações sobre as empresas e ressaltar ao jovem o grande impacto que elas causam na vida das pessoas.

- **Começar bem a carreira**
  Oportunidades de crescimento e desenvolvimento são fundamentais para os jovens. Ambas as empresas possuem essa força, porém, as pessoas candidatas não têm clareza de tal fato.
- **Percepção**
  Apenas 9% pensam em atuar no segmento farmacêutico, isso porque não visualizam as oportunidades de trabalhar em diversas áreas não técnicas, e igualmente importantes, da empresa.

→ **Como ampliar a comunicação**
  a. *Hotsite*
  Pessoas candidatas navegam, em média, cinco minutos no *hotsite* antes de se candidatar a uma vaga. Essa é uma grande oportunidade de vender a empresa e seus atributos de marca à audiência.
  Sugestões:
    - Trazer informações importantes sobre a empresa, o negócio.
    - Apresentar detalhes sobre o desenvolvimento de carreira.
    - Oferecer espaço para depoimentos de atuais ocupantes das vagas de estágio e pessoas efetivadas.
    - Incluir vídeos.

  b. **Quiz**
  Interatividade apresentando as marcas da companhia B, com resultado de acordo com os depoimentos das pessoas respondentes.
  Vantagens:
    - Conexão da audiência-alvo com a personalidade da marca.

- Uma boa maneira de checar o quanto as personas estão engajadas com sua marca.

c. **Feira virtual de carreiras**

Feira de carreira completamente on-line, com interação entre empresas e estudantes em um ambiente virtual 3D que simula uma feira real.

Benefícios:
- Abrangência nacional.
- Possibilidade de tirar dúvidas em tempo real.
- Conteúdos sobre a sua marca empregadora.

d. **Podcasts**

Pílulas sobre as áreas com vagas abertas.

Vantagens:
- Podem ser usados para a divulgação das inscrições.
- Novo formato para candidatos e candidatas escolherem a área em que desejam estagiar, substituindo a live.
- Material que pode ser usado em mais de um ciclo, reduzindo custos.
- Fácil de consumir.
- 25% dos ouvintes brasileiros consomem mais de uma hora de podcasts por dia.[25]
- A maioria dos ouvintes é jovem: 67% têm entre 23 e 39 anos; e 25% têm menos de 23.[26]

e. **ADS e APPS**

Anúncios estáticos e de vídeo entregues em celulares, por geolocalização; perfil comportamental e de acordo com o caráter dos

---

[25] Pesquisa Deezer, 2019.
[26] Pesquisa Associação Brasileira de Podcasters (ABPOD), 2018.

aplicativos que o usuário tem instalados em seu celular. Sugestão: foco em impacto no público de diversidade.

f. **Stickers para Instagram**
Figurinhas para Instagram são uma forma de interagir com o público jovem, muito conectado com esse tipo de linguagem gráfica. Benefícios:
- Oportunidade de viralizar.
- Conexão da marca com conteúdos de interesse ao jovem.

Vale reforçar que as recomendações sugeridas a uma empresa e sua realidade nem sempre convergem com as realidades e contextos de outras organizações. Os desafios para a consolidação da marca empregadora podem ser distintos, e por essa razão é necessário considerar cada situação – e não simplesmente replicar práticas de ativação da EB. Outro ponto essencial para uma implementação eficaz é garantir que as ações realizadas traduzam a cultura e a essência da organização, para que o trabalho permaneça sustentável ao longo do tempo. Os conteúdos devem ser mapeados como estratégicos durante o passo a passo da construção da identidade da marca empregadora, conforme tratamos no capítulo 6 deste livro.

11
Carreira dos sonhos: informações úteis para a EB

Desde 2002 o Grupo Cia de Talentos realiza a pesquisa "Carreira dos Sonhos", que, além de revelar as "empresas dos sonhos" de profissionais em diferentes momentos de carreira, traz respostas para algumas inquietações e curiosidades que costumam acompanhar as pessoas quando o assunto é trabalho.

Estamos falando de uma pesquisa com 22 anos de existência, e que já ultrapassa 1,3 milhão de respondentes, entre Brasil e nove países da América Latina. Embora a maioria respondente seja jovem, por se tratar da principal audiência do Grupo Cia de Talentos, a pesquisa garante representatividade entre todas as audiências, ou seja, alcança quaisquer momentos de carreira, faixa etária, gênero, raça e etnia, dispersão geográfica, classe social etc.

Ante a crescente complexidade dos desafios que um mundo em transformação tem colocado diante de nós, quais são as emoções que o trabalho desperta nas pessoas? As contrapartidas desejadas hoje são as mesmas de antes? Essas são algumas questões que essa renomada pesquisa se propõe a responder.

Vemos muitas empresas pautando sua estratégia de EB com base em presença em rankings empregadores ou reputacionais em geral. Sobre isso, temos uma recomendação importante:

Usá-los como métrica de sucesso em EB só faz sentido se houver lisura no processo e eliminação de vieses metodológicos das pesquisas. Elas devem considerar pilares e atributos que façam sentido com a estratégia de posicionamento da sua marca empregadora, portanto, conheça as metodologias!

Por exemplo, na pesquisa "Carreira dos Sonhos", são consideradas as empresas citadas pelos respondentes, sem exceção. Não se trata de uma lista suspensa com opções predefinidas de empresas. Ou seja, os respondentes digitam o nome da organização ou marca que consideram ideais para trabalhar. Por exemplo: se a pessoa responde "Toddynho", consideramos que, na verdade, ela sonha em conquistar uma vaga na PepsiCo, e assim contabilizamos e garantimos que sua resposta seja considerada. Não cogitamos influenciar a resposta das pessoas, levando em consideração apenas uma parte das empresas e excluindo todo o universo que faz parte dos sonhos de carreira delas. Reforçamos: conheça as metodologias!

Entendemos que a pesquisa "Carreira dos Sonhos" é praticamente um censo sobre o mercado de trabalho. Seus resultados também contribuem para a reflexão sobre a construção da marca empregadora. Então, separamos algumas informações para compartilhar neste momento, coletadas entre 2019 a 2022. Esse material irá trazer clareza sobre as expectativas das pessoas em relação às empresas e, portanto, reforçar o impacto de um trabalho bem-feito na gestão de marca empregadora.[27]

Dados de 2019

A edição de 2019 da pesquisa "Carreira dos Sonhos" mapeou o que as pessoas consideravam essencial para a construção de relações profissionais positivas e três pontos tiveram destaque:

---

27 Recomendamos que você conheça mais sobre todas as edições deste estudo, acessando www.carreiradossonhos.com.br.

1. Cultura de confiança, o que exige verdade, transparência e coerência. A demanda das pessoas não é por empresas perfeitas, mas por organizações em que possam confiar.
2. Ambiente em que as pessoas possam expressar sua identidade e estilo de vida.
3. Experiências que possibilitem às pessoas avançarem em direção a um objetivo, que tenha propósito e significado.

A seguir, algumas das questões da pesquisa.

Se você fosse participar de um processo seletivo e pudesse escolher entre dois formatos, qual escolheria?

1. *Um processo com atividades inusitadas e inovadoras.*
   - Jovem – 53%.
   - Média gestão – 37%.
   - Alta liderança – 36%.
2. *Um processo prático, transparente e rápido.*
   - Jovem – 47%.
   - Média gestão – 63%.
   - Alta liderança – 64%.

Observamos que disrupção e elementos-surpresa são uma demanda da audiência jovem, enquanto profissionais mais experientes preferem processos de seleção mais simples e descomplicados. Nos dois casos, a organização deve cuidar da experiência da pessoa candidata, garantindo que esta reflita não só o seu posicionamento como o fato de que um bom mapeamento de personas foi executado no início do desenho da estratégia de EB.

Para você, o que significa começar a carreira "com o pé direito", ou seja, muito bem?[28]

- Ser contratado para algum cargo efetivo na minha área de atuação: 34%.
- Ser estagiário em uma grande empresa: 30%.
- Ser um profissional autônomo ou empreender: 11%.
- Ser *trainee* em uma grande empresa: 11%.
- Seguir carreira acadêmica ou pública: 7%.
- Ser contratado para algum cargo efetivo, independentemente da minha área de atuação: 7%.

Com a pergunta acima, entendemos que 89% das pessoas respondentes buscam oportunidades que gerem segurança profissional e o encarreiramento dentro das organizações. Ou seja, empresas que cuidarem da experiência de seus profissionais ao longo de sua jornadas sairão na frente para evitar o movimento recente do *great resignation*.[29]

Como você acha que será conseguir um trabalho que lhe permita progredir na vida?

- Muito difícil: 10%.
- Difícil: 42%.
- Nem difícil, nem fácil: 46%.
- Fácil: 2%.
- Muito fácil: 0%.

Qual o principal motivo que o(a) faz sentir isso?
"Fácil" ou "muito fácil":

---

28 Pergunta respondida por jovens sem experiência profissional.
29 Chamamos de *great resignation* o movimento crescente, que temos observado, de profissionais pedindo demissão voluntariamente.

- Tenho clareza dos meus objetivos profissionais: 52%.
- Sinto-me bem preparado(a): 28%.
- Há muitas vagas/oportunidades no mercado: 6%.
- A qualidade das vagas/oportunidades oferecidas: 4%.
- Meu bom desempenho nos processos seletivos: 4%.
- Tenho experiência na área: 1%.
- Outro: 5%.

Qual o principal motivo que o(a) faz sentir isso?
"Difícil" ou "muito difícil":
- Há poucas vagas/oportunidades no mercado: 38%.
- Não tenho experiência na área: 31%.
- A qualidade das vagas/oportunidades oferecidas: 9%.
- Não me sinto bem preparado(a): 7%.
- Meu desempenho nos processos seletivos: 5%.
- Falta de clareza dos meus objetivos profissionais: 5%.
- Outro: 5%.

A maioria da audiência jovem acredita que o início de carreira será desafiador, justamente pela falta de experiência profissional ou porque acreditam que há poucas oportunidades no mercado para o seu perfil. Aqui, vemos o peso da equação concorrência entre pessoas por uma vaga × taxa de desemprego entre jovens no Brasil × volume de vagas ofertadas pelas empresas para esse perfil. As organizações têm a oportunidade de ampliar o foco em atratividade dessa audiência, em seu plano de ativação de marca empregadora, conforme sugerido no capítulo 6.

Ser *trainee* de uma grande empresa faz parte do seu plano de carreira?
"Já conhecia programas de trainee."
- Sim: 88%.
- Não: 12%.

Quais os três principais motivos que fazem você querer ser *trainee*?
- As oportunidades de treinamento e desenvolvimento: 88%.
- Ter uma experiência diferenciada no currículo: 59%.
- Os tipos de projetos e desafios nas empresas: 52%.
- *Networking* e exposição: 30%.
- Ter uma carreira acelerada: 23%.
- Contato com a alta liderança: 22%.
- Salário e benefícios: 19%.
- Status do *trainee* na empresa e/ou no meu círculo de relacionamento: 7%.

Há duas análises importantes sobre a pergunta acima:
1. Os programas de *trainee* geram uma percepção sobre a possibilidade de aceleração de carreira, experiência de grande desenvolvimento e exposição entre potenciais participantes.
2. A audiência jovem não pauta a vontade de fazer parte de um programa de *trainee* por conta de status, remuneração ou benefícios, e sim pela percepção citada no item 1; e, ainda, pela interface com as lideranças, possibilidade de grande aderência com suas crenças pessoais e cultura organizacional.

As empresas têm a oportunidade e o desafio de exaltar o que as torna únicas entre sua audiência-alvo, não se limitando a executar campanhas massivas e sim empenhando esforços em atrair, selecionar e engajar as pessoas que vão promover o futuro do seu negócio.

Quais os três principais motivos que fazem você não querer ser *trainee*?[30]
- O plano de carreira de um *trainee* não me interessa: 57%.

---

30 Pergunta respondida por jovens sem experiência profissional.

- Não existem boas oportunidades de *trainee* na minha área deinteresse/atuação: 50%.
- As empresas da minha preferência não têm programas de *trainee*: 38%.
- Prefiro seguir carreira acadêmica ou pública: 34%.
- Prefiro empreender ou ser autônomo: 31%.
- Os processos seletivos são muito difíceis e competitivos: 28%.
- Ser *trainee* deixou de ser um diferencial: 21%.
- Os salários e benefícios não são bons: 20%.
- O dia a dia de trabalho de um *trainee* não é interessante: 16%.

Nem só de programas de *trainee* vive o mercado de trabalho. As organizações oferecem diversas outras posições e níveis de oportunidades, e a marca empregadora está presente entre elas também. O trabalho é contínuo, e todas as interações de empresas com as pessoas, desde a atração até depois de sua saída da organização, são oportunidades de comunicar a marca de maneira genuína e assertiva. Tais iniciativas apoiam a coerência no posicionamento da marca empregadora.

Dados de 2020

A "Carreira dos Sonhos de 2020" teve como tema central a transformação digital. O estudo buscou compreender a percepção das pessoas sobre a maturidade organizacional e da liderança para lidar com os desafios relacionados ao tema, bem como o quanto percebiam o investimento deles na preparação das pessoas para "navegar" com sucesso neste novo mundo.

A seguir, algumas das questões da pesquisa.

O que mais o(a) empolga quando pensa em conseguir um primeiro emprego?[31]

- Oportunidade de aprender/ganhar experiência: 49%.
- Fazer algo de que gosto e me motiva: 23%.
- Saber que meu trabalho contribuirá com algo: 14%.
- Receber um salário mensal: 11%.
- Trabalhar em uma empresa reconhecida: 2%.
- Outro: 1%.

O que mais o(a) preocupa quando pensa em seu primeiro emprego?

- Não ser bom o suficiente no que faço: 38%.
- Não ter oportunidade de desenvolvimento: 29%.
- A pressão e as expectativas do gestor/da equipe: 13%.
- Não gostar do clima do ambiente de trabalho: 9%.
- A empresa se apresentar diferente do que se mostrou durante a seleção: 7%.
- Ter que fazer tarefas sem sentido: 3%.
- Outro: 1%.

Em resumo, com as duas perguntas, entendemos que a motivação dos indivíduos em seu início de carreira é a chance de aprender, se desenvolver e crescer nas empresas. O que os preocupa nessa fase é justamente a falta de repertório. Muitas empresas têm excelentes programas de desenvolvimento e incentivo à educação, e podem deixar tal informação mais clara e disponível para essa audiência.

---

31 Pergunta respondida por jovens sem experiência profissional.

Qual é a coisa mais importante que um gestor (ou gestora) precisa fazer para apoiar o sucesso do *trainee*?[32]
- Ter disponibilidade para ensinar e compartilhar experiências: 35%.
- Fornecer treinamento adequado: 23%.
- Oferecer feedbacks de qualidade: 19%.
- Oferecer atividades que ajudem a descobrir o que sei/gosto de fazer: 10%.
- Reconhecimento quando eu fizer um bom trabalho: 5%.
- Ajudar com que eu me conecte com as pessoas certas: 4%.
- Ser próximo e presente no dia a dia: 4%.

Você certamente iria embora da empresa se tivesse um gestor ou gestora que:[33]
- Gerencia através do medo: 30%.
- Não sabe o que faz/não domina os processos da área: 24%.
- Não dá crédito para quem fez o trabalho: 13%.
- Não se importa com o que eu falo ou proponho: 12%.
- Não admite que errou: 9%.
- Tem expectativas irreais sobre meu trabalho: 7%.
- Não é próximo e presente no dia a dia: 3%.
- Demonstra apego a pequenas coisas (microgerenciamento): 2%.

As pessoas têm expectativa de uma liderança próxima, acolhedora, desenvolvedora e incentivadora. Sabemos que, em geral, elas pedem demissão por conta da liderança imediata, quando experienciam a gestão pelo medo e a falta de reconhecimento. Como vimos no passo a passo da estratégia de EB, são cruciais o preparo e o acompanhamento também das lideranças, para que a boa percep-

---

32 Pergunta respondida por jovens sem experiência profissional.
33 Pergunta respondida por jovens sem experiência profissional.

ção da marca empregadora seja refletida ao longo da experiência da pessoa colaboradora.

As frases abaixo representam o que acontece na empresa em que trabalha (ou na última que trabalhou)?

1. *Impacta positivamente a sociedade e as comunidades com as quais se relaciona.*
    Responderam "Concordo parcialmente" + "Concordo totalmente":
    - Jovem: 61%.
    - Média gestão: 53%.
    - Alta liderança: 62%.

2. *Tem ambiente de trabalho agradável e positivo.*
    Responderam "Concordo parcialmente" + "Concordo totalmente":
    - Jovem: 62%.
    - Média gestão: 52%.
    - Alta liderança: 62%.

3. *Oferece oportunidade de fazer um trabalho significativo.*
    Responderam "Concordo parcialmente" + "Concordo totalmente":
    - Jovem: 59%.
    - Média gestão: 51%.
    - Alta liderança: 63%.

4. *Prioriza a saúde e o bem-estar (físico e mental).*
    Responderam "Concordo parcialmente" + "Concordo totalmente":
    - Jovem: 47%.
    - Média gestão: 37%.
    - Alta liderança: 48%.

5. *Tem um ambiente inclusivo.*
    Responderam "Concordo parcialmente" + "Concordo totalmente":

- Jovem: 44%.
- Média gestão: 54%.
- Alta liderança: 53%.

6. *Proporciona bom equilíbrio entre vida profissional e pessoal.*
   Responderam "Concordo parcialmente" + "Concordo totalmente":
   - Jovem: 50%.
   - Média gestão: 40%.
   - Alta liderança: 49%.

7. *É inovadora e aberta a mudanças.*
   Responderam "Concordo parcialmente" + "Concordo totalmente":
   - Jovem: 45%.
   - Média gestão: 39%.
   - Alta liderança: 51%.

8. *É tão leal a mim quanto eu sou a ela.*
   Responderam "Concordo parcialmente" + "Concordo totalmente":
   - Jovem: 39%.
   - Média gestão: 35%.
   - Alta liderança: 50%.

Olhando para esse grupo de perguntas (1 a 8), em geral podemos entender que:
- Há bons índices nas respostas, ou seja, uma percepção positiva por parte das pessoas respondentes.
- Os menores índices estão entre a média gestão, que, no dia a dia, de certa forma é impactada pelas demandas de seus interlocutores: alta gestão e seus times.
- Os temas com índices de maior atenção são relacionados às questões como saúde mental e equilíbrio de vida (pessoal e profissional), inclusão e inovação. Todos eles são temas emergentes no contexto do trabalho e precisam de atenção por

- parte das empresas, visando minimizar o impacto negativo nas experiências de seus colaboradores nas relações profissionais.
- Embora a pesquisa "Carreira dos Sonhos" tenha grande representatividade entre respondentes, devemos lembrar que há diversos outros perfis profissionais no mundo do trabalho, e estes devem ser considerados na tarefa de sustentação de marca empregadora.

9. No último mês, você ouviu alguém na sua empresa falar sobre: "Como o trabalho diário que realiza se conecta com o propósito da empresa?".
    Sim:
    - Jovem: 47%.
    - Média gestão: 41%.
    - Alta liderança: 49%.

    Não:
    - Jovem: 53%.
    - Média gestão: 59%.
    - Alta liderança: 51%.

10. No último mês, você ouviu alguém na sua empresa falar sobre: "Como sua empresa impactou ou tornou a vida de um cliente melhor?".
    Sim:
    - Jovem: 62%.
    - Média gestão: 56%.
    - Alta liderança: 65%.

    Não:
    - Jovem: 38%.
    - Média gestão: 44%.
    - Alta liderança: 35%.

11. No último mês, você ouviu alguém na sua empresa falar sobre: "Como sua empresa impactou ou tornou a vida de um funcionário melhor?".
    Sim:
    - Jovem: 50%.
    - Média gestão: 43%.
    - Alta liderança: 52%.

    Não:
    - Jovem: 50%.
    - Média gestão: 57%.
    - Alta liderança: 48%.

Nas três perguntas acima (9 a 11), vemos que os respondentes, de modo geral, entendem que seu trabalho tem conexão com o propósito da empresa – uma possível razão para continuar nela. No entanto, eles têm a percepção de que as empresas se preocupam mais em melhorar a vida de seus clientes do que a de suas pessoas. Nossa reflexão é sobre o quanto as empresas podem demonstrar maior cuidado na retribuição do empenho de seus profissionais.

12. Você recebeu duas propostas de trabalho muito semelhantes em relação à responsabilidade que irá assumir e ao pacote de salário/benefícios. Dos itens abaixo, qual terá maior peso na decisão sobre qual proposta aceitar?

Resposta	Jovem	Média gestão	Alta liderança
FLEXIBILIDADE Horário e local de trabalho flexíveis	23%	25%	23%
DESAFIO Proporcionar trabalho estimulante	22%	29%	33%

AMBIENTE DE TRABALHO Ser descontraído e leve	21%	18%	13%
PROPÓSITO Impacto que gera na sociedade	17%	13%	18%
INOVAÇÃO Ambiente inovador	11%	12%	11%
DIVERSIDADE E INCLUSÃO Cultura inclusiva	6%	3%	2%

Fator decisivo entre duas ofertas de trabalho:
- Para jovens, a flexibilidade do modelo de trabalho.
- Para média gestão e alta liderança, o desafio atrelado à oferta.

Ambiente de trabalho (cultura e clima organizacionais) e propósito da organização (sinergia entre negócio, cultura e valores de seus profissionais) também são fatores importantes.

Essa questão traz muitos inputs às empresas, para que explorem seus direcionadores de posicionamento na ativação da marca empregadora.

13. Você prefere trabalhar em uma empresa:
    Grande e segura:
    - Jovem: 50%.
    - Média gestão: 59%.
    - Alta liderança: 48%.

    Pequena e com muito aprendizado:
    - Jovem: 50%.
    - Média gestão: 41%.
    - Alta liderança: 52%.

14. Você prefere trabalhar em uma empresa que tenha:
    Incentivos financeiros:
    - Jovem: 38%.
    - Média gestão: 45%.
    - Alta liderança: 43%.
    Oportunidade de fazer a diferença/ajudar aos outros:
    - Jovem: 62%.
    - Média gestão: 55%.
    - Alta liderança: 57%.

15. Você prefere trabalhar em uma empresa que tenha:
    Segurança financeira:
    - Jovem: 33%.
    - Média gestão: 39%.
    - Alta liderança: 35%.
    Oportunidade de fazer o que ama:
    - Jovem: 67%.
    - Média gestão: 61%.
    - Alta liderança: 65%.

Não importa o momento de carreira das pessoas, a maioria busca fazer o que ama. Jovens preferem aprendizados e a possibilidade de fazer a diferença para alguém ou para a empresa aos incentivos financeiros, por exemplo. Já para a média gestão, uma empresa grande e segura pode ser a preferência.

Dados de 2021

A edição de 2021 marcou os vinte anos da pesquisa "Carreira dos Sonhos", e teve o senso de pertencimento como tema central de estudo, um conceito relativamente novo no ambiente corporativo e que ainda está em desenvolvimento. O pertencimento é uma necessidade humana fundamental e tem impacto no bem-

-estar e saúde das pessoas, além de fortalecer a percepção da vida como significativa.

A seguir, algumas das questões da pesquisa.

Antes de se candidatar a uma vaga de emprego, você...

1. Avalia se os valores, os princípios e a cultura da empresa estão alinhados aos seus?

    Sim:
    - Jovem: 91%.
    - Média gestão: 93%.
    - Alta liderança: 93%.

    Não:
    - Jovem: 9%.
    - Média gestão: 7%.
    - Alta liderança: 7%.

2. Avalia se a empresa investe no desenvolvimento das pessoas que trabalham nela?

    Sim:
    - Jovem: 94%.
    - Média gestão: 93%.
    - Alta liderança: 93%.

    Não:
    - Jovem: 6%.
    - Média gestão: 7%.
    - Alta liderança: 7%.

3. Pesquisa o que as pessoas que trabalham na empresa falam sobre ela?

    Sim:
    - Jovem: 84%.
    - Média gestão: 84%.
    - Alta liderança: 83%.

Não:
- Jovem: 16%.
- Média gestão: 16%.
- Alta liderança: 17%.

Nas perguntas de 1 a 3, vemos o quanto as pessoas têm pautado suas escolhas de carreira em crenças e valores pessoais, somados à possibilidade de autodesenvolvimento e realização por meio do trabalho. Não é à toa que, no passo 1 do capítulo 6, falamos sobre a importância da empresa conhecer sua essência e saber aonde quer chegar em termos de posicionamento. Então, ela poderá construir uma estratégia que permita sua comunicação e conexão com indivíduos que demonstrem aderência à sua realidade e interesse por seus desafios.

4. Quais aspectos abaixo são mais relevantes na sua decisão de se candidatar a uma vaga?

    Cultura e valores da empresa serem alinhados aos meus:
    - Jovem: 21%.
    - Média gestão: 27%.
    - Alta liderança: 29%.

    Empresa que gere impacto positivo na sociedade e/ou tenha responsabilidade ambiental:
    - Jovem: 19%.
    - Média gestão: 14%.
    - Alta liderança: 13%.

    Segmento de atuação da empresa e/ou área em que vou atuar:
    - Jovem: 16%.
    - Média gestão: 12%.
    - Alta liderança: 14%.

Empresa que tenha oportunidade de desenvolvimento:
- Jovem: 14%.
- Média gestão: 13%.
- Alta liderança: 11%.

Empresa preocupada com a diversidade e a inclusão:
- Jovem: 9%.
- Média gestão: 8%.
- Alta liderança: 8%.

Empresa com ambiente colaborativo e olhar humano:
- Jovem: 9%.
- Média gestão: 11%.
- Alta liderança: 8%.

Empresa com DNA de inovação e/ou tecnologia:
- Jovem: 6%.
- Média gestão: 5%.
- Alta liderança: 6%.

Empresa sólida e com credibilidade no mercado:
- Jovem: 6%.
- Média gestão: 10%.
- Alta liderança: 11%.

Na pergunta 4, reforçamos a importância dada por profissionais ao fato de a cultura e os valores da empresa de escolha terem aderência aos seus valores pessoais.

Enquanto a alta liderança busca sinergia entre o segmento da empresa e sua área de atuação, a média gestão e os jovens buscam empresas que gerem impacto positivo na sociedade. Nos dois casos, as empresas têm a oportunidade de se posicionar de forma mais consistente em políticas ESG, o que reforçará sua presença tanto no segmento de atuação como no posicionamento da marca institucional e corporativa, como um todo.

5. Existem momentos na vida profissional e pessoal que impactam nosso dia, ano ou carreira, e poder contar com o apoio da empresa para superar ou comemorar essas ocasiões é importante. Você gostaria de ter atenção personalizada da empresa nas situações abaixo?

Nos momentos de transição pessoal, como casamento, a chegada de um bebê, mudança de cidade/país etc.
Sim:
- Jovem: 74%.
- Média gestão: 76%.
- Alta liderança: 72%.

Tanto faz:
- Jovem: 20%.
- Média gestão: 19%.
- Alta liderança: 22%.

Não:
- Jovem: 6%.
- Média gestão: 5%.
- Alta liderança: 6%.

Em marcos profissionais, por exemplo, centésimo dia de trabalho, décimo projeto que entrega com sucesso, cinco anos na empresa etc.
Sim:
- Jovem: 61%.
- Média gestão: 65%.
- Alta liderança: 59%.

Tanto faz:
- Jovem: 32%.
- Média gestão: 28%.
- Alta liderança: 32%.

Não:
- Jovem: 7%.
- Média gestão: 7%.
- Alta liderança: 9%.

Em momentos profissionais adversos, como receber um feedback negativo, não ser escolhido(a) para uma promoção etc.
Sim:
- Jovem: 66%.
- Média gestão: 78%.
- Alta liderança: 76%.

Tanto faz:
- Jovem: 22%.
- Média gestão: 15%.
- Alta liderança: 15%.

Não:
- Jovem: 12%.
- Média gestão: 7%.
- Alta liderança: 9%.

Em momentos pessoais difíceis, como luto, divórcio, doença etc.
Sim:
- Jovem: 81%.
- Média gestão: 84%.
- Alta liderança: 80%.

Tanto faz:
- Jovem: 2%.
- Média gestão: 10%.
- Alta liderança: 13%.

Não:
- Jovem: 7%.
- Média gestão: 6%.
- Alta liderança: 7%.

Na pergunta 5, vemos a importância de oferecer uma boa experiência às equipes, uma vez que os cenários apresentados são situações comuns e acontecem ao longo da jornada profissional dentro de uma organização. A experiência da pessoa empregada consolida a percepção da marca empregadora e é totalmente embasada em sua cultura organizacional e proposta de valor à pessoa colaboradora.

6. Você concorda com as frases abaixo?

Pessoas e cultura: esta empresa tem um propósito claro e coloca seus funcionários como prioridade quando planejam suas práticas e estratégias.

Discordo totalmente:
- Jovem: 11%.
- Média gestão: 14%.
- Alta liderança: 9%.

Discordo parcialmente:
- Jovem: 13%.
- Média gestão: 17%.
- Alta liderança: 10%.

Nem concordo, nem discordo:
- Jovem: 22%.
- Média gestão: 21%.
- Alta liderança: 18%.

Concordo parcialmente:
- Jovem: 28%.
- Média gestão: 28%.
- Alta liderança: 29%.

Concordo totalmente:
- Jovem: 26%.
- Média gestão: 20%.
- Alta liderança: 34%.

Características do trabalho: nessa empresa, os indivíduos percebem que as atividades que realizam têm significado e impactam positivamente a sociedade.
Discordo totalmente:
- Jovem: 6%.
- Média gestão: 6%.
- Alta liderança: 4%.

Discordo parcialmente:
- Jovem: 9%.
- Média gestão: 10%.
- Alta liderança: 7%.

Nem concordo, nem discordo:
- Jovem: 18%.
- Média gestão: 21%.
- Alta liderança: 16%.

Concordo parcialmente:
- Jovem: 27%.
- Média gestão: 30%.
- Alta liderança: 27%.

Concordo totalmente:
- Jovem: 40%.
- Média gestão: 33%.
- Alta liderança: 46%.

Remuneração e benefícios: essa empresa é reconhecida por ter um pacote justo de remuneração e benefício.
Discordo totalmente:
- Jovem: 12%.
- Média gestão: 15%.
- Alta liderança: 10%.

Discordo parcialmente:
- Jovem: 12%.
- Média gestão: 14%.
- Alta liderança: 10%.

Nem concordo, nem discordo:
- Jovem: 21%.
- Média gestão: 20%.
- Alta liderança: 21%.

Concordo parcialmente:
- Jovem: 23%.
- Média gestão: 24%.
- Alta liderança: 26%.

Concordo totalmente:
- Jovem: 32%.
- Média gestão: 27%.
- Alta liderança: 33%.

Na pergunta 6, a maioria concorda que a empresa em que trabalha ou trabalhou recentemente tem boas políticas e processos estabelecidos: atenção às pessoas, papel de impacto e remuneração justa, o que também contribui no processo de consolidação da marca empregadora.

Dados de 2022

A pesquisa de 2022 revelou que os indivíduos estão ressignificando o trabalho e repensando o espaço que desejam que ele ocupe em suas vidas. Ao fazerem esse movimento, automaticamente repensam a relação com as organizações e o que esperam delas enquanto marca empregadora. De alguma maneira, o trabalho hoje traz preocupação quando se pensa sobre o que as pessoas desejam para suas vidas, e isso contribui para a sensação de sobrecarga e exaustão. Não se trata da atividade em si, e sim da alta expectativa do mercado somada à autocobrança. Esse impacto é tão grande que, mesmo diante de uma economia fragilizada, uma multidão vem pedindo demissão em busca de bem-estar. O estudo aponta que meio milhão de pessoas pedem demissão a cada mês;[34] e esse êxodo deve continuar.

O que as organizações podem fazer para que seus times escolham permanecer? O ponto de partida é compreender o que eles esperam do trabalho hoje e quais são os aspectos mais valorizados e importantes em seu entendimento.

As informações coletadas pela pesquisa, portanto, podem auxiliar na observação e análise de uma parcela importante do mercado de trabalho, sobretudo jovens em início da vida profissional, que representam uma parte significativa de contratação das organizações.

Aqui, reproduzimos parcialmente dados que consideramos relevantes como insights para aprimorar o processo de Employer Branding.

Você tem uma "Empresa dos Sonhos"?

Sim:
- Jovem: 75%.
- Média gestão: 80%.
- Alta liderança: 82%.

Qual o motivo da escolha dessa empresa?
Jovem:
- Desenvolvimento.
- Fazer o que gosta.
- Boa imagem.
- Segmento de atuação.
- Inovação.

---

[34] SOARES, Marcelo. Eu me demito: fenômeno da grande resignação chega ao Brasil. *Você S/A*, São Paulo, 10 fev 2022. Disponível em: https://vocesa.abril.com.br/economia/eu-me-demito-fenomeno-da-grande-resignacao-chega-ao-brasil.

Média gestão:
- Desenvolvimento.
- Fazer o que gosta.
- Boa imagem.
- Segmento de atuação.
- Inovação/remuneração.

Alta liderança:
- Fazer o que gosta.
- Desenvolvimento.
- Segmento de atuação.
- Inovação.
- Boa imagem.

Quais são as fontes de informação? (os três itens mais citados)
Jovem:
- Redes sociais/site da empresa: 42%.
- Qualidade de seus produtos/serviços: 38%.
- Palestras/eventos: 36%.

Média gestão:
- Conhece alguém que trabalha ou trabalhou nela: 34%.
- Trabalha ou trabalhou nela: 31%.
- Qualidade dos seus produtos/serviços: 30%.

Alta liderança:
- Trabalha ou trabalhou nela: 44%.
- Qualidade de seus produtos/serviços: 26%.
- Conhece alguém que trabalha ou trabalhou nela: 25%.

Ranking "Empresa dos Sonhos"

A pesquisa "Carreira dos Sonhos" trabalha com rankings gerais e segmentados (considerando respostas de todos os públicos e públicos específicos). Aqui apresentamos parcialmente os rankings atualizados para 2022.

Google – 1º lugar

O que foi levado em conta para a apuração do ranking:

Motivos da escolha:
- Desenvolvimento.
- Inovação.
- Experiência internacional.
- Fazer o que gosta.
- Políticas flexíveis.

Atributos:
- Reputação da marca.
- Clima e cultura.
- Perspectiva de carreira.
- Segurança financeira.
- Governança responsável.

A partir de suas referências pessoais, ordene os motivos que fazem você pensar nessa empresa como um lugar ideal para se trabalhar.
- Reputação da marca: 31%.
- Perspectivas de carreira: 27%.
- Clima e cultura: 20%.
- Governança responsável: 11%.
- Segurança financeira: 10%.

Ranking do atributo "Reputação da Marca"

A empresa é amplamente reconhecida como uma corporação que se destaca das demais por ser um lugar bom e diferenciado para se trabalhar.

1. Google.
2. Ambev.
3. Grupo Globo.
4. Itaú Unibanco.
5. Banco Bradesco.
6. Vale.
7. Nestlé.
8. Amazon.

9. Microsoft.
10. Petrobras.
11. Nubank.
12. Apple.
13. Disney.
14. Hospital Israelita Albert Einstein.
15. Bayer.
16. Natura.
17. Coca-Cola.
18. Samsung.
19. Netflix.
20. Banco Santander.

Ranking do atributo "Perspectiva de Carreira"
A empresa oferece um plano de carreira claro e estruturado, considerando-se desenvolvimento e crescimento.
1. Google.
2. Ambev.
3. Grupo Globo.
4. Vale.
5. Banco Bradesco.
6. Itaú Unibanco.
7. Nestlé.
8. Nubank.
9. Bayer.
10. Petrobras.
11. Amazon.
12. Banco Santander.
13. Microsoft.
14. Hospital Israelita Albert Einstein.
15. Mondelez.
16. Suzano Papel e Celulose.
17. Johnson & Johnson.

18. XP Investimentos.
19. EY.

Ranking do atributo "Clima e Cultura"

O ambiente e a cultura de trabalho são agradáveis e há identificação com os valores da empresa.

1. Google.
2. Ambev.
3. Grupo Globo.
4. Nubank.
5. Itaú Unibanco.
6. Natura.
7. Vale.
8. Disney.
9. Banco Bradesco.
10. Nestlé.
11. Amazon.
12. Mondelez.
13. Boticário.
14. Johnson & Johnson.
15. Suzano Papel e Celulose.
16. ONU.
17. Banco Santander.
18. Braskem.
19. Bayer.
20. XP Investimentos.

Ranking do atributo "Governança Responsável"

A empresa se destaca por seus reconhecimentos e iniciativas nas questões ambientais, sociais, inclusivas e éticas em suas relações.

1. Google.
2. ONU.
3. Ambev.

4. Natura.
5. Vale.
6. Grupo Globo.
7. Banco Bradesco.
8. Itaú Unibanco.
9. Petrobras.
10. Nubank.
12. Suzano Papel e Celulose.
13. Mondelez.
14. Microsoft.
15. Nestlé.
16. Bayer.
17. Amazon.
18. Polícia Federal.
19. Hospital Israelita Albert Einstein.
20. Boticário.
21. Raízen.

Ranking do atributo "Segurança Financeira"
A empresa oferece salário justo, benefícios diferenciados, prêmios e gratificações.
1. Google.
2. Ambev.
3. Itaú Unibanco.
4. Vale.
5. Petrobras.
6. Banco Bradesco.
7. Grupo Globo.
8. Nestlé.
9. Amazon.
10. Polícia Federal.
11. Nubank.
12. Tribunal de Justiça Estadual.

13. Bayer.
14. Banco Santander.
15. ONU.
16. Receita Federal.
17. O Boticário.
18. Microsoft.
19. Natura.
20. Hospital Israelita Albert Einstein.

Ranking "Empresa dos Sonhos" para diversidade para o público jovem

De acordo com o relatório da pesquisa "Carreira dos Sonhos" de 2022, as organizações com práticas maduras de diversidade e inclusão têm em comum:

Escuta ativa: Sabem o impacto positivo que a escuta de suas equipes proporciona para o negócio e acreditam na relevância dos indivíduos de se sentirem escutados. Quando a liderança ouve e presta atenção ao que os diversos times precisam, entendem os pequenos detalhes que fazem a diferença. Poucas empresas sonhariam em lançar um grande produto sem recorrer aos seus melhores dados e análises e maiores talentos. Mas algumas organizações contam apenas com a sabedoria convencional para orientar as iniciativas de inclusão. Elas escolhem ações devido à reputação de boas práticas, sem avaliar se os esforços realizados são a melhor rota para produzir os resultados desejados para as pessoas que desejam incluir.

Mentalidade de crescimento: Assumem o valor que perspectivas diversas agregam para pessoas, equipes e para o negócio em geral; promovem atitudes e comportamentos inclusivos que impulsionam e amadurecem a cultura inclusiva. As ações importam porque a diversidade e a inclusão não são problemas de treinamento, e sim de estratégia e cultura.

Fomenta a responsabilização: Consideram como inclusão a responsabilidade de todas as pessoas. Então desenham metas tangíveis e mensuráveis, fazem acompanhamento e geram informações que as ajudam a manter o foco e a acompanhar mudanças culturais e comportamentais necessárias à promoção de uma cultura acolhedora e inclusiva.

Ranking "Empresa dos Sonhos" para pessoas negras

Ranking criado considerando-se as empresas citadas por pessoas que se autodeclaram negras.

1. Google.
2. Ambev.
3. Grupo Globo.
4. Vale.
5. Banco Bradesco.
6. Itaú Unibanco.
7. Nubank.
8. Amazon.
9. Microsoft.
10. Suzano Papel e Celulose.

Ranking "Empresa dos Sonhos" para pessoas LGBTQIAP+

Ranking criado considerando-se as empresas citadas por pessoas que se autodeclaram LGBTQIAP+.

1. Google
2. Grupo Globo.
3. Ambev.
4. Nubank.
5. Itaú Unibanco.
6. Banco Bradesco.
7. Disney.
8. Vale.
9. Natura.
10. Amazon.

Ranking "Empresa dos Sonhos" para mulheres e Top 10

Ranking criado considerando-se as empresas citadas por mulheres.

1. Google.
2. Ambev.
3. Grupo Globo.
4. Banco Bradesco.
5. Itaú Unibanco.
6. Vale.
7. Nestlé.
8. Natura.
9. Nubank.
10. ONU.

Ranking "Empresa dos Sonhos" para pessoas PCD

1. Google.
2. Grupo Globo.
3. Vale.
4. Disney.
5. Itaú Unibanco.

Não foi possível gerar um ranking "Empresa dos Sonhos" para pessoas PCD com mais empresas, pois os votos foram pulverizados. Tivemos, portanto, muitos empates.

12
Gestão em EB: uma conversa com quem faz

Neste capítulo, apresentamos uma entrevista exclusiva realizada com Natasha Teixeira,[35] responsável por liderar as iniciativas de Employer Branding na Procter&Gamble para a região da América Latina. As informações coletadas revelam o trabalho de construção e consolidação da marca empregadora da companhia ao longo dos anos, além dos atributos da cultura que pautam essa frente.

Vale ressaltar que, em 2022, a Cia de Talentos celebrou quinze anos de parceria com a P&G, por meio da qual, desde 2013, promove consultoria em EB para fins de atratividade de sua porta de entrada, o Programa de Estágio Gerencial Contínuo no Brasil.

Acreditamos ser útil se atentar à análise dessa compilação como forma de exemplificar, na prática, o ponto de vista de uma das empresas que mais se debruçam sobre sua marca empregadora com clareza de objetivos, e que mantém uma busca incansável por resultados.

Com base na estratégia de posicionamento da P&G, como a marca empregadora gostaria de ser reconhecida?
Temos como intuito comunicar externamente o que oferecemos internamente em termos de cultura, valores, princípios e desenvolvimento de nossa equipe de maneira clara. Queremos ser reco-

---

35 Natasha Teixeira começou sua carreira na P&G como estagiária em 2016. Desde julho de 2020 é a gerente sênior responsável pela Employer Branding da Latam.

nhecidos pelo que somos. Dentro desse princípio, o diferencial que mais queremos comunicar é o quanto desenvolvemos nossas pessoas por sermos uma empresa em que é possível "crescer de dentro" (começamos a carreira pelo estágio gerencial, como principal porta de entrada, e abrimos poucas vagas externas, apenas quando buscamos uma habilidade específica que ainda não temos desenvolvida internamente). A P&G é um celeiro de talentos. Estamos contratando hoje pessoas que um dia serão membros da alta liderança ou mesmo CEO, por isso focamos muito em treinamento, desenvolvimento, e diversas vezes somos reconhecidos como uma escola de líderes. Nossas pessoas são o nosso bem mais valioso. Para nós, é importante que elas se desenvolvam, provoquem impacto com o trabalho que realizam e se sintam inspiradas, valorizadas e reconhecidas por isso.

Para se manter relevante no mercado, que tipo de talento a P&G precisa atrair, manter, desenvolver na companhia?
Buscamos refletir na companhia a diversidade de nossos consumidores. Por isso, temos foco contínuo e crescente em entender que planos específicos são necessários para atrair, reter e desenvolver mulheres, pessoas pretas e pardas, pessoas com diversidade funcional e membros da comunidade LGBTQIAP+. Sabemos que é uma jornada de transformação, e nós temos a responsabilidade de minimizar disparidades e contribuir para que sejamos verdadeiramente uma força para o crescimento e para o bem.

Como a P&G realiza o monitoramento de seu status de marca empregadora?
Por meio de índices reputacionais, dados e pesquisas internas e externas, além de monitorar o retorno das estratégias de atração de talento.

Como foi o processo de construção dos objetivos e metas em Employer Branding?

Analisamos a intersecção entre três fatores: 1) O que buscam os nossos potenciais candidatos? 2) O que as nossas pessoas dizem sobre a P&G? 3) Como somos reconhecidos externamente? Depois de entender a intersecção, agregamos um quarto fator, que é analisar as empresas com as quais competimos por talentos e entender o que é um diferencial da P&G; o que é único sobre nós e que representa uma vantagem competitiva?

O que foi considerado na concepção do plano de ativação da marca empregadora P&G?

Temos presença *omnichannel*[36] com foco estratégico em analisar retorno dos nossos investimentos de atração, com objetivo de otimizar esforços e decidir, com base em números, onde devemos maximizar nossa presença e investimentos.

Na sua percepção, qual a importância do papel da liderança em Employer Branding?

Os membros da alta liderança são a maior prova da nossa cultura de "crescer de dentro" e de como realmente desenvolvemos os líderes do futuro, já que mais de 70% começaram a carreira como estagiários na companhia. Juliana Azevedo é apenas um exemplo de muitos, que teve seu início da trajetória profissional há mais de vinte anos como estagiária da P&G, e hoje é a presidente da P&G em toda a América Latina.

---

36 *Omnichannel* é uma tendência do varejo que tem por premissa a convergência de todos os canais utilizados por uma organização. Em resumo, é o processo no qual a pessoa consumidora acaba não percebendo a diferença entre mundo on-line e mundo off-line, uma vez que considera simultaneamente o ambiente físico, virtual e quem consome.

Como a companhia se mantém engajada com a temática de EB?

Parte do que esperamos e medimos na liderança é que possamos desenvolver as pessoas e os líderes que assumirão suas posições no futuro. Portanto, existe apoio e alto engajamento da liderança em eventos de recrutamento, entrevistas ou divulgação em suas redes sociais e LinkedIn. São líderes muito inspiradores, que motivam os jovens para que vejam que é possível chegar a altos cargos na companhia.

Quais práticas a P&G adota para gerar engajamento dos colaboradores com a marca empregadora (quem acabou de entrar, quem atua na empresa há algum tempo e quem já saiu)?

Temos um grupo multifuncional que trabalha na execução e planejamento estratégico das atividades de maneira que estejamos próximos da realidade (em constante mudança) das pessoas que desejamos atrair, aprendendo a estar presentes de forma relevante onde elas estão e também na maneira como nos comunicamos, sem perder a essência da P&G. Esse grupo trabalha igualmente o engajamento interno para que as pessoas nos ajudem no compartilhamento das campanhas, recomendando candidatos para o processo e participando de ativações virtuais ou presenciais. O diferencial é que esse grupo realmente vive internamente o que comunicamos externamente, com muita paixão pelo que faz e enxerga valor em nossa cultura e em nossas pessoas; então, comunica com muita facilidade e orgulho sobre a P&G e sua experiência externamente.

Como você concretiza e monitora a evolução da estratégia da gestão de marca empregadora? Quais são os rituais e práticas que contribuem com o trabalho?

Montamos um plano de atração anual pensando na necessidade do negócio, e depois em qualidade, quantidade, diversidade e eficiência. Ao longo da execução dos planos, usamos algumas pesquisas com a perspectiva da experiência dos jovens, e trimestralmente avaliamos resultados e discutimos como melhorar e seguir otimizando nossas ações.

Em sua opinião, quais são os principais desafios e complexidades de trabalhar uma marca empregadora global em um país tão abrangente, com tantas diferenças entre regiões?
A principal complexidade está na desigualdade de acesso à educação superior para facilitar a entrada de candidatos de diferentes contextos. Por isso, temos a responsabilidade de trabalhar a evolução da nossa comunidade com projetos de desenvolvimento de jovens, como parcerias com o Instituto Proa, a United Way e a Universidade Zumbi dos Palmares (com o recém-lançado curso Cria da Quebrada, para formar diretores criativos e redatores para nossas agências), bem como programas de desenvolvimento como o "P&G Para Você", que disponibiliza aulas de inglês e mentorias para *soft skills* antes do estágio gerencial. Seguimos aprendendo com o intuito de expandir ainda mais.

Como foi o processo de desdobramento da EVP global para regional/local?
O EVP global é consistente tanto nas regiões quanto localmente. Nós desdobramos cada um dos seus vetores com a prática em cada país ou região, para que a comunicação fique mais granular, mostrando pessoas, em cada local, que representam esses vetores e que desejam compartilhar suas histórias.

O que mudou, em sua visão, a sua atuação como profissional de EB nessa migração de local (Brasil) para regional (Latam)?
Sem dúvida, aumentou a responsabilidade. É necessário conhecer mais sobre a cultura dos países para ajustar a comunicação. Mas o

Brasil é um país bem diverso, e oferece um ótimo espaço para pivotar ideias e projetos que depois podem ser expandidos a outros países. Isso facilita a execução dos planos, uma vez que existe certa similaridade nos perfis e desafios enfrentados para atrair diversidade.

Que recomendações você daria a um profissional que terá como responsabilidade gerenciar uma marca empregadora global no Brasil? E na região da América Latina como um todo?

1. Em primeiro lugar, trabalhe e garanta que a empresa é internamente aquilo que divulga externamente. Sem isso, nenhum plano é sustentável.
2. Mantenha-se aberto a aprender em vez de assumir que aquilo que funciona em um país também funcionará em outro. Ao mesmo tempo, busque aplicar projetos de sucesso sempre que possível.
3. Esteja atento às mudanças no perfil dos seus potenciais candidatos: o que é relevante para eles, o que acontece internamente na empresa e como transmitir a mensagem do que eles buscam. Precisamos estar tão próximos das dores, dos desafios e sonhos dos candidatos como as marcas estão de seus consumidores.
4. Entenda a causa dos desafios sociais que enfrentam os grupos minoritários, para criar planos com resultados consistentes ao longo dos anos.
5. Mais importante: nunca se esqueça de que está impactando a vida de pessoas com o seu trabalho. Gosto muito de uma frase de Carl Jung que diz: "Saiba todas as teorias, domine todas as técnicas, mas, ao tocar uma alma humana, seja apenas uma outra alma humana.". As pessoas buscam conexões reais e querem ser felizes no trabalho. Elas têm sonhos e medos como qualquer outro indivíduo, e reconhecer isso muda a maneira como fazemos tudo. Os números não podem medir essa percepção, mas as pessoas serão capazes de sentir.

Mensagem final das autoras

Embora os detalhes, aparentemente infinitos, entrem na produção do vínculo emocional que os clientes leais da Starbucks sentem, muitas vezes o aspecto mais importante desse vínculo é o investimento pessoal dos parceiros (funcionários) da Starbucks.
Joseph Michelli, autor de *The Starbucks Experience*.

Neste livro, buscamos esclarecer de que modo a Employer Branding é capaz de comunicar ao mercado a imagem de uma empresa como boa empregadora e um ótimo lugar para trabalhar. Reforçamos que, a fim de conquistar profissionais valiosos para suas equipes, as organizações de qualquer porte necessitam apresentar uma marca empregadora consistente e que reflita a sua essência, a sua alma!

Conforme explicamos no início, o público interno de uma empresa também é seu cliente. A diferença é que ele não consome produtos e serviços, e sim a experiência de trabalho que vivencia enquanto os produzem. Assim, prosseguimos ao oferecer um breve resumo sobre o conceito de experiência da pessoa empregada, ou seja, a soma dos efeitos causados nos indivíduos, a partir do conjunto de interações que eles têm com a empresa ou dentro dela.

Evidenciamos, ainda, que nos últimos anos o trabalho ganhou um significado diferente, no qual a pessoa colaboradora busca realização e propósito. Levamos em conta, no capítulo 2, a existência de uma lacuna entre a oferta e a demanda de postos de trabalho, especialmente quando olhamos para a disrupção digital × a disputa por profissionais qualificados.

Ressaltamos, por sua vez, que pessoas colaboradoras atuam como porta-vozes dos atributos da cultura de uma companhia. E que as mensagens usadas por qualquer empresa para transmitir sua marca empregadora e proposta de valor aos seus times não devem compor somente uma lista das vantagens e benefícios a serem ofertados, e sim parte de sua cultura como organização.

Sem dúvida, as capacidades individuais da área de gestão de pessoas são importantes, mas uma marca empregadora competitiva e sustentável precisa, antes de tudo, suportar toda a estratégia de negócio e criar uma relação forte entre gestão de pessoas e estratégia de marketing.

A fim de demonstrar, na prática, os conceitos apresentados ao longo dos capítulos iniciais, incluímos os casos das empresas Itaú e Loggi como exemplos de boa gestão de EB em território nacional, para fins ilustrativos.

Como obra que pretende ser usada como guia de EB para empresas, buscamos desenvolver e apresentar, nos capítulos 7 e 8, dois testes de proficiência e maturidade em marca empregadora como auxiliares da avaliação do nível de maturidade e de senioridade da empresa, além de mostrar medidas práticas que podem ser adotadas a partir dos resultados observados.

As oito etapas da metodologia de EB (apresentada como passo a passo no capítulo 6) devem ser vistas como base para o início de um processo de EB a ser customizado a partir das necessidades específicas de cada companhia. Contudo, acreditamos que eles funcionem como um bom ponto de partida para o trabalho, desde que a organização garanta a eliminação de vieses metodológicos e mantenha a lisura ao longo do gerenciamento desse projeto.

A fim de proporcionar ideias e aprendizados, oferecendo contribuições fidedignas e recentes, fizemos questão de publicar dados coletados por meio de pesquisas realizadas em território nacional pela consultoria Cia de Talentos, sob a solicitação de duas grandes companhias. Elas se pautaram no aferimento da experiência de participantes do processo seletivo de seus programas de estágio ou com potencial para tanto. Além disso, apresentamos parte dos resultados da reconhecida pesquisa "Carreira dos Sonhos", igualmente conduzida pela consultoria Cia de Talentos, com inputs interessantes para todos aqueles que se debruçam sobre o estudo do trabalho e o tema deste livro.

Esperamos ter deixado claro que o sucesso de uma organização depende de capacidades distintas e de uma estratégia competitiva clara. Para tanto, mais do que atrair e reter indivíduos, o trabalho de gestão de marca empregadora é fundamental à medida que insere e reforça o tipo certo de capacidades profissionais necessárias ao negócio.

No último capítulo do livro, buscamos apresentar o testemunho de uma empresa bem-sucedida em sua gestão de Employer Branding, a P&G, por meio de uma entrevista exclusiva com a gestora responsável por esse departamento dentro da companhia.

Temos certeza de que, ao considerar a EB uma das ferramentas disponíveis mais importantes para o sucesso de uma empresa, o engajamento virá. Basta que se priorize a promoção de iniciativas focadas nas pessoas. Afinal, o objetivo maior da gestão de EB não é simplesmente entregar uma experiência diferenciada de marca, e sim uma experiência significativa, relevante e de valor percebido por quem compõe a organização.

Esperamos que a leitura deste livro contribua como um estímulo à compreensão da marca empregadora como um instrumento capaz de criar boas experiências para as pessoas colaboradoras dentro de suas relações com as organizações, e que estas se mantenham saudáveis e longevas.

Valorizamos muito o feedback das nossas leitoras e dos nossos leitores. Por isso, fazemos aqui um convite a você: entre em contato conosco, envie suas sugestões ou esclareça suas dúvidas a respeito da Employer Branding sempre que precisar. Torcemos para que este livro contribua verdadeiramente para o desenvolvimento de sua empresa e de todas as pessoas colaboradoras que dela fazem parte.

Até breve!

Sofia Esteves e Ligia Oliveira

- linkedin.com/in/estevessofia
- linkedin.com/in/ligia-leonor-de-oliveira
- relacionamento@grupociadetalentos.com.br

Agradecimentos

Deixo aqui o meu muito obrigada à Ligia Oliveira e a todo o nosso time de Employer Branding, que me ensinaram tudo o que hoje sei sobre o tema.
Sofia Esteves

Agradeço às empresas parceiras e a seus times, que me desafiaram a pensar e a apoiar a construção de marcas empregadoras consistentes em contextos diversos. Minha gratidão também às minhas alunas e aos meus alunos, que, trazendo suas dores e dilemas, também me ensinam a cada aula. Especialmente à Lilian Dorighello, que tanto me incentivou no estudo do tema deste livro.
Ligia Oliveira

Fontes EUCLID CIRCULAR, LYON, TUNGSTEN
Papel ALTA ALVURA 90 m/g²
Impressão TERRAPACK